PETER EMMRICH | BENJAMIN HARTLIEB

DIE SCHÜSSLER-SALZE

PETER EMMRICH | BENJAMIN HARTLIEB

DIE SCHÜSSLER SALZE

Praktische Anwendung
einer modernen

MINERALSTOFFTHERAPIE

Dieses Buch widmen wir unseren Herzensmenschen

WALTRAUD, MARC,
JOHANNA, MARLENE & JONATHAN

Bibliografische Information der Deutschen Nationalbibliothek:
Die Deutsche Nationalbibliothek verzeichnet diese Publikation in der Deutschen Nationalbibliografie; detaillierte bibliografische Daten sind im Internet über https://dnb.de abrufbar.

Dieses Werk einschließlich aller seiner Teile ist urheberrechtlich geschützt. Jede Verwertung außerhalb der engen Grenzen des Urheberrechtsgesetzes ist unzulässig und strafbar.

1. Auflage 2021
© Lüchow in Kamphausen Media GmbH, Bielefeld 2021

Lektorat: Dr. Richard Reschika, Freiburg
Umschlaggestaltung | Layout und Satz: Gesine Beran, Turin
Umschlagmotiv: © shutterstock | VectorKnight
Gesamtherstellung | Druck: mediaprint solutions, Paderborn
Printed in the European Union

ISBN 978-3-95883-550-4 | ISBN E-BOOK 978-3-95883-551-1
www.kamphausen.media

»Aegroto, dum anima est, spes est.«

Für den Kranken besteht Hoffnung, solange er atmet.

MARCUS TULLIUS CICERO (106 v. Chr. – 43 v. Chr.), römischer Politiker, Anwalt, Schriftsteller, Philosoph, Redner und Konsul

INHALT

EINLEITUNG

DIE ENTSTEHUNG DER SCHÜSSLER-SALZE

WENN SIE MIT DEN POTENZIERTEN MINERALSALZEN nach Dr. med. SCHÜSSLER und den Erweiterungssalzen seiner Nachfolger in der Praxis arbeiten wollen, so sollten Sie ein paar Anwendungsrichtlinien beachten.

SCHÜSSLER war bekanntlich zuerst homöopathischer Arzt und erschuf dann seine nach ihm benannten Funktionsheilmittel. Daher hat er nach den Regeln der Kunst die Mineralsalze im Verhältnis 1:10 verrieben. Ein Teil Mineralsalz wurde mit 9 Teilen Milchzucker in einem Mörser verrieben. Diese erste Verreibungsstufe nennt der Fachmann die Potenzstufe D1. Von dieser Potenzstufe D1 wird wiederum ein Teil mit weiteren 9 Teilen Milchzucker verrieben. Man erhält die Stufe D2. Rein rechnerisch ist das ursprüngliche Mineralsalz nun 1:100 verdünnt. Führt man diesen Prozess 6-mal aus, erreicht man die Potenzstufe D6 (Verhältnis 1:1.000.000), wiederholt man dasselbe 12-mal, so die Potenzstufe D12 (1:1.000.000.000.000), und nach 30-mal gelangt man zur Potenzstufe D30 (1:1 mit 30 Nullen).

SCHÜSSLER bediente sich folgender 12 Mineralverbindungen, welche alle im menschlichen Organismus vorkommen. Die meisten der heutzutage zur Anwendung kommenden Schüßler-Salze werden in der Potenzstufe D6 verwendet. Einzelne Mittel auch in der Potenz D12.

In der hier aufgeführten Potenzstufe benutzte SCHÜSSLER seine Salze, wenngleich diese heute alle auch in den Apotheken in den Potenzstufen D3, D6 und D12 oder höher erhältlich sind.

Nr. 1 Calcium fluoratum D12
Nr. 2 Calcium phosphoricum D6
Nr. 3 Ferrum phosphoricum D12
Nr. 4 Kalium chloratum D6
Nr. 5 Kalium phosphoricum D6
Nr. 6 Kalium sulfuricum D6
Nr. 7 Magnesium phosphoricum D6
Nr. 8 Natrium chloratum D6
Nr. 9 Natrium phosphoricum D6
Nr. 10 Natrium sulfuricum D6
Nr. 11 Silicea D12
Nr. 12 Calcium sulfuricum D6

Nach dem Tod Dr. SCHÜSSLERS wurde die Therapie in den Folgejahren durch weitere Mineralsalze erweitert. Die Nachfolger Dr. SCHÜSSLERS forderten rasch die Einführung weiterer Mineralverbindungen zur Behandlung von Körperleiden. Fortschreitende Erkenntnisse der Wissenschaft in Bereichen der Physiologie und Biochemie des Menschen führten nach und nach zur Erweiterung der Schüßler-Salze.

Bis zum heutigen Tage sind auf diese Weise insgesamt 15 neue Schüßler-Salze entstanden, die von unterschiedlichen Herstellern in Apotheken angeboten werden.

Nr. 13 Kalium arsenicosum D6
Nr. 14 Kalium bromatum D6
Nr. 15 Kalium jodatum D6
Nr. 16 Lithium chloratum D6
Nr. 17 Manganum sulfuricum D6
Nr. 18 Calcium sulfuratum D6
Nr. 19 Cuprum arsenicosum D6
Nr. 20 Kalium Aluminium sulfuricum D6
Nr. 21 Zincum chloratum D6
Nr. 22 Calcium carbonatum D6
Nr. 23 Natrium bicarbonicum D6
Nr. 24 Arsenum jodatum D6
Nr. 25 Aurum chloratum natronatum D6
Nr. 26 Selenium D12
Nr. 27 Kalium bichromatum D6

Bei einigen der neu hinzugekommenen Mineralsalze handelt es sich um Spurenelemente, die aus heutiger Sicht für den menschlichen Körper notwendig sind. Bei anderen wiederum ist bis heute keine zwingende Notwendigkeit festgestellt worden. Dies widerspricht dem ursprünglichen Gedanken Dr. SCHÜSSLERS, dass ein Mineralsalz selbst Bestandteil des Körpers sein muss und eine wichtige Funktion zu erfüllen hat.

Dennoch haben die Erweiterungsmittel ihre Berechtigung. Zum einen können sie die 12 Basismittel in ihrer Wirkung verstärken oder die Behandlungsmöglichkeiten erweitern. Zum anderen erfordern die moderne Lebensweise und die veränderten Umwelteinflüsse im Vergleich zu SCHÜSSLERS Lebzeiten gelegentlich andere Therapieansätze. Hier können die neuen Erweiterungsmittel wertvolle Dienste leisten.

DIE ANWENDUNG DER SCHÜSSLER-SALZE

SCHÜSSLER LEGTE GROSSEN WERT DARAUF, dass stets nur 1 Schüßler-Salz gegeben wird. Inzwischen konnte man aber die Erfahrung machen, dass Kombinationen, vornehmlich mit den Ergänzungssalzen, großartige Heilprozesse auslösen können.

In der Regel nimmt man 3-mal täglich 1 Tablette des gut gewählten Mineralsalzes. Jedoch kann es im akuten Geschehen durchaus sinnvoll sein, die Gabenhäufigkeit auf alle 5 Minuten (jeweils 1 Tablette) hochzusetzen, und zwar so lange, bis sich eine deutliche Besserung beim Kranken einstellt. Dann erweitert man die Zeitabstände auf 15–30 Minuten; später verabreicht man die Tablette nur alle Stunde.

Die gängige Darreichungsform als Tablette enthält Laktose als Trägerstoff und sehr geringe Mengen Weizenstärke. Empfindliche Menschen können bei hohen Dosierungen sowohl auf den Milchzucker als auch auf die glutenhaltige Weizenstärke reagieren. Hier bieten sich Kautabletten aus Isomalt an, die weder Laktose noch Gluten enthalten.

Als Alternative zu Tabletten werden Schüßler-Salze auch in Tropfenform oder als Streukügelchen (Globuli) angeboten. Dabei gilt es jedoch zu beachten, dass Tropfen oder Streukügelchen im Gegensatz zu den Tabletten anders dosiert werden. Die Wirkstoffmenge 1 Tablette entspricht dabei 5 Tropfen oder 5 Globuli.

Um eine Stabilisierung zu erzielen, werden die Schüßler-Salze in der Regel noch 3 Tage nach dem Ende der Beschwerden verabreicht. Wenn eine Kombination mit einem Ergänzungssalz angezeigt ist, dann gibt man beide Mineralsalze im Wechsel, um den größtmöglichen Effekt zu erzielen. Auch im akuten Geschehen kann man die Zeitintervalle verkürzen.

ANWENDUNG BEI KINDERN

IN DER HAUSAPOTHEKE NEHMEN SCHÜSSLER-SALZE einen hohen Stellenwert ein. Besonders Kinder reagieren sehr gut auf diese sanfte Heilweise.

Säuglinge nehmen 1 Tablette pro Tag ein. Diese wird von den Eltern zwischen den Fingern verrieben und als Pulver dem Säugling verabreicht. Alternativ kann die Tablette auch in einem Fläschchen aufgelöst und getrunken werden. Streukügelchen werden von Eltern sehr geschätzt und können direkt in die Wangentasche des Säuglings gegeben werden.

Kinder unter 12 Jahren erhalten üblicherweise die Hälfte der Dosierung für Erwachsene. Ab dem 12. Lebensjahr wird die Erwachsenendosis gegeben.

Zungenbelag und Veränderungen im Gesicht sind für die präzise Auswahl des entsprechenden Schüßler-Salzes von großer Bedeutung und sollten stets berücksichtigt werden, ebenso der Gemütszustand und die Modalitäten. Unter Modalitäten versteht man die Umstände, durch welche etwas besser oder schlechter wird. Lesen Sie sich daher sehr genau die einzelnen Mineralsalzbeschreibungen durch und vergleichen Sie diese mit den Beschwerden des Kranken. Achten Sie auf Veränderungen im Gesicht und auf der Zunge und berücksichtigen Sie gegebenenfalls auch eine Änderung des Gemütszustandes, welcher Ihnen oftmals die Entscheidung leichter macht.

Viel Erfolg!

HISTORIE

DAS LEBEN WILHELM HEINRICH SCHÜSSLERS

DER DEUTSCHE ARZT, WUNDARZT und Geburtshelfer Dr. med. WILHELM HEINRICH SCHÜSSLER erblickte am 21. August 1821 als viertes von sechs Kindern in Bad Zwischenahn das Licht der Welt. Keiner ahnte zu diesem Zeitpunkt, dass er einmal weltweit für Furore mit den nach ihm benannten potenzierten Mineralsalztabletten sorgen würde. Vater HEINRICH, er war Kämmerer, und Mutter MARGARETE kümmerten sich um ihre Kinder und boten WILHELM eine glückliche und sorgenfreie Kindheit. Über seine Kindheit findet sich wenig, da SCHÜSSLER sich zeit seines Lebens weigerte, eine Autobiographie zu schreiben. Wegen großer Armut in der Familie musste WILHELM schon 1835 das Gymnasium ohne

Abschluss verlassen. Er nahm die Stelle eines Amtsschreibers an, um der Familie eine finanzielle Unterstützung zu bieten. Immerhin war SCHÜSSLER sehr sprachbegabt und brachte sich autodidaktisch mehrere Sprachen bei. Dies sollte ihm helfen, sein Medizinstudium im Alter von 30 Jahren in Paris an der berühmten *École de Médecine* aufzunehmen. Sein Bruder ERNST GEORG THEODOR, der der Homöopathie sehr zugeneigt war, unterstützte den Wunsch seines Bruders WILHELM, homöopathischer Arzt zu werden. Schon nach einem Jahr zog es SCHÜSSLER nach Berlin und kurze Zeit später war er Student an der Universität Gießen. Hier lehrte der berühmte Chemiker JUSTUS VON LIEBIG, doch sind sich die beiden wohl nie begegnet. SCHÜSSLER bekam seine Doktorwürde in Gießen und man erließ ihm sogar die Dissertationsarbeit, da er vorgab, seine Einberufung zum Militär stehe unmittelbar bevor. Als SCHÜSSLER in Oldenburg das medizinische Staatsexamen ablegen wollte, stellte sich aber heraus, dass ihm das Abitur fehlte. Doch damit nicht genug des Ärgers. Er konnte den Formalien, acht Semester Medizinstudium vorzuweisen, nicht gerecht werden, denn es fehlten ihm zwei. So wurde sein Antrag abgelehnt und SCHÜSSLER ging an die Universität nach Prag, um das fehlende Jahr zu absolvieren. Erst im Alter von 36 Jahren realisierte sich sein lang ersehnter Wunsch, endlich Mediziner zu sein, um Kranke zu heilen. Er bestand das Examen 1858 und ließ sich als homöopathisch tätiger Arzt in Oldenburg nieder.

SCHÜSSLER hatte von Natur aus ein schüchternes Wesen, konnte aber, wenn er gereizt wurde, auch wild werden. Als er im Jahre 1873 zum ersten Mal seine ärztlichen Kollegen von seinem aus 12 Mineralsalzen bestehenden Therapiekonzept durch eine Veröffentlichung in der *Allgemeinen homöopathischen Zeitung*, der ältesten in Deutschland erscheinenden medizinischen Fachzeitschrift, unter dem Titel *Eine abgekürzte homöopathische Therapie* in Kenntnis setzte, brach eine Lawine an negativer Kritik, verbunden mit vielen Schmährufen, über ihm zusammen.

Was war geschehen?

Man sah das Werk von Dr. med. habil. SAMUEL HAHNEMANN (10. April 1755 – 2. Juli 1843), dem Begründer der homöopathischen Heilweise, verunglimpft und warf SCHÜSSLER vor, nur 8 Monate lang mit seinen 12 potenzierten Mineralsalzen experimentiert zu haben. SCHÜSSLER würde sich anmaßen, eine bessere Heilweise erschaffen zu haben als der Meister HAHNEMANN selbst.

Einer, der zuerst das Wort ergriff, war der Arzt ARNOLD LORBACHER (1818–1899), der unter anderem monierte, dass einige Salzverbindungen überhaupt nicht im Sinne einer homöopathischen Arzneimittelprüfung zuvor auf ihre Wirksamkeit getestet worden waren. Doch vielleicht war es auch nur ein Stück Neid seiner Kollegen, dass es SCHÜSSLER gelang, mit seinen Überlegungen eine völlig neuartige Therapieweise zu entwickeln, welche aus 12 Mineralsalzen bestand. Alle Mineralverbindungen kommen im menschlichen Organismus vor, so lautete sein Credo. Durch den Potenzierungseffekt versetzte SCHÜSSLER seine Mineralsalzverbindungen in eine Art »Katalysatorfunktion«, welche die gestörte Mineralstoffverteilung an der Zellwand ausgleichen sollten. Denn gerade in der Ungleichverteilung dieser Mineralstoffe innerhalb und außerhalb der Zellen sah SCHÜSSLER die Ursache für das, was wir »Krankheitssymptome« nennen.

SCHÜSSLER bezieht sich bei der Erschaffung seiner neuen Heilweise auf drei zu ihrer Zeit sehr renommierte Wissenschaftler: Das war zum einen der deutsche Pathologe, Prähistoriker und Politiker Professor Dr. med. RUDOLF VIRCHOW (1821–1902), der im selben Jahr, 1821, wie SCHÜSSLER im pommerschen Schivelbein (heute: Świdwin / Polen) geboren wurde. Die Medizin hat VIRCHOW viel zu verdanken. So veröffentlichte er als Professor an der Berliner Charité seine Erkenntnisse zur Entstehung von Thrombosen. Ebenso war seine Erkenntnis, dass alle Zellen aus Zellen und nicht aus einem unförmigen Urschleim (Blastem) entstehen, revolutionär. VIRCHOW schuf den neuen Begriff der Zellularpathologie, nach der nur die kleinste Einheit im menschlichen Körper, nämlich die Zelle, erkranken könne, und löste damit die seit der Antike über Jahrhunderte in der Medizin bestehende Humoralpathologie des griechischen Arztes HIPPOKRATES VON KOS (460–370 v. Chr.) durch eine moderne, naturwissenschaftlich begründete Pathologie und Pathophysiologie ab.

Zum anderen gab es den niederländischen Arzt und Physiologen Professor Dr. med. JACOB MOLESCHOTT (1822–1893), welcher in Heidelberg Medizin studierte und später dort als Privatdozent Physiologie unterrichtete, bis man ihm 1852 die Lehrbefugnis entzog, weil er den naturwissenschaftlichen Materialismus vertrat und darüber hinaus noch Atheist war. Er erhielt später einen Ruf an die Universität Zürich, lehrte ab 1861 in Turin und wurde nach fünf Jahren Senator des Königreiches Italien. 14 Jahre vor seinem Tod erhielt er eine Professur für Physiologie an der Universität Rom.

Und last, but not least der Chemiker Professor Dr. rer.

nat. JUSTUS VON LIEBIG (1803–1873), der aufgrund seiner erfolgreichen Experimente mit Knallsilber (explosive Silbersalze) von dem Naturforscher ALEXANDER VON HUMBOLDT (1769–1859) mit damals sage und schreibe 21 Jahren als Professor für Chemie und Pharmazie an die Ludwigs-Universität Gießen empfohlen wurde. Berühmt wurde VON LIEBIG durch die Schaffung eines Kunstdüngers namens »Superphosphat«, welcher in der zweiten Hälfte des 19. Jahrhunderts die Ernteerträge verbesserte und somit die Nahrungsversorgung der Bevölkerung sicherte. Daneben entwickelte er einen Fleischextrakt, Backpulver, Babynahrung und entdeckte das Chloroform. Auf eigenen Wunsch adelte ihn der Großherzog LUDWIG II. von Hessen (1777–1848) für seine Verdienste mit dem Titel »Freiherr«.

Drei geniale Gedanken keimten in SCHÜSSLER auf:

»Die Krankheit des Körpers ist gleich der Krankheit der Zelle.« (VIRCHOW)

»Die Krankheit der Zelle entsteht durch Verlust an anorganischen Salzen.« (MOLESCHOTT)

»Also muss«, so folgerte SCHÜSSLER, »die Gesundheit der Zelle und damit des Körpers wiederhergestellt werden können durch Deckung des Verlustes.«

Stets orientierte sich SCHÜSSLER an den neuesten Forschungsergebnissen des deutsch-baltischen Physiologen und Professors GUSTAV VON BUNGE (1844–1920), der jedoch 1887 verkündete, dass sich der schwefelsaure Kalk nicht in jeder Zelle , sondern nur in der Galle findet. Daraufhin nahm SCHÜSSLER *Calcium sulfuricum* aus seinem System heraus und arbeitete mit 11 Salzen weiter. Nach dem Ableben von SCHÜSSLER erkannte man die Bedeutung dieses Mineralsalzes jedoch gerade hinsichtlich chronischer Entzündungen im Rahmen des rheumatischen Formenkreises, bei der Gicht, bei einer Abszessbildung und bei verhärteten Drüsen und nahm es erneut als Salz auf der Position 12 in die SCHÜSSLER-Hausapotheke auf.

Man schrieb das Jahr 1871, als SCHÜSSLER eine Arzneimittellehre mit dem Titel *Physiologische therapeutische Darstellung der Arzneimittelwirkungen* publizieren wollte. Doch alle Verleger lehnten das Werk ab. Dies war sicherlich der Ansporn für SCHÜSSLER, sich intensiver mit den für ihn wichtigsten 12 Mineralsalzverbindungen zu beschäftigen. Diese haben sich nach ihrer Veröffentlichung 1873 rund um den Erdball ausgebreitet. In ihrer nahezu 150-jährigen Anwendung bei den unterschiedlichsten Krankheiten und Befindlichkeitsstörungen, selbst bei scheinbar unheilbaren Fällen, konnten sie sich bewähren. Aufgrund ihrer nebenwirkungsfreien Eigenschaften zeichnen sich die Mineralsalze dadurch aus, dass sie bedenkenlos auch in der Schwangerschaft und Stillzeit eingesetzt werden können. Zu seinen Lebzeiten erschien SCHÜSSLERS kleines Lehrbuch *Eine abgekürzte Therapie gegründet auf Histologie und Cellular-Pathologie* seit 1874 in 25 Auflagen, die jedes Mal von ihm überarbeitet und mit seinen neuesten Erkenntnissen versehen wurden. Infolge eines Schlaganfalls war SCHÜSSLER stark geschwächt, korrigierte aber mit letzter Kraft noch das Manuskript für die letzte Auflage, bis er am 30. März 1898 für immer in Oldenburg die Augen schloss. SCHÜSSLERS großes Engagement, für seine Sache zu kämpfen, hat sicherlich dazu geführt, dass sich seine Idee letzten Endes durchgesetzt hat und bis zum heutigen Tage dem Wohle der Menschheit dient.

DAS WERK DR. SCHÜSSLERS LEBT WEITER

SEIN LEBENSWERK WURDE VON zahlreichen Anwendern fortgeführt und im Verlauf der letzten Jahrzehnte in der therapeutischen Bandbreite nach und nach erweitert.

Nach SCHÜSSLERS Tod wurde aufgrund neuer Erkenntnisse über die Funktion des Mineralstoffwechsels rasch eine Erweiterung der Therapie um zusätzliche Salze gefordert. So wurde vor rund 100 Jahren angenommen, dass Arsen, Brom oder Aluminium als Salzverbindungen für den Körper elementar sind. Hierin liegt der Grund, dass Verbindungen mit diesen Bestandteilen schon recht früh als Ergänzung zu den bereits bestehenden Basissalzen diskutiert wurden.

In welchem zeitlichen Ablauf die einzelnen Erweiterungsmittel der Therapie hinzugefügt wurden, lässt sich aus heutiger Sicht nicht immer genau sagen. Zahlreiche Autoren forderten parallel und unabhängig voneinander weitere ergänzende Mineralsalze.

Ein bedeutsamer Vertreter in der Nachfolge der Biochemie nach Dr. SCHÜSSLER war ERICH WILHELM AUGUST GRAF VON DER GOLTZ. Über den aus Preußen stammenden Arzt, der 1862 in Schönau geboren wurde, ist leider sehr wenig überliefert. Er schloss 1884 sein Medizinstudium in Zürich ab und wanderte anschließend in die Vereinigten Staaten von Amerika aus. Dort veröffentlichte er zahlreiche englischsprachige Texte über Schüßler-Salze. Das bedeutsamste Werk ist sein Grundlagenwerk *Manual and Clinical*

Repertoire of an Complete List of Tissue Remedies, welches er 1905 veröffentlichte. Darin werden 10 der heute bekannten 15 Erweiterungsmittel genannt und ausführlich beschrieben.

Der Arzt KARL ALBERT GOTTFRIED REIFF (1863–1838) war der direkte Praxisnachfolger Dr. SCHÜSSLERS und forderte aufgrund neuer wissenschaftlicher Erkenntnisse ab 1924 ebenfalls die Einführung weiterer Schüßler-Salze. Beide Ärzte verband eine enge Freundschaft. So verfügte Dr. SCHÜSSLER schriftlich, dass er im Falle einer Erkrankung ausschließlich von Dr. REIFF behandelt werden möchte. Dieser begleitete Dr. SCHÜSSLER sodann auch in dessen letzten Lebenstagen.

Ein weiterer bekannter Vertreter der neuen Ergänzungsmittel ist DIETER SCHÖPWINKEL (1876–1946), der sich mit eigenen Mineralverbindungen gezielt vom ursprünglichen Ansatz Dr. SCHÜSSLERS abgrenzen wollte. Die von ihm formulierten neuen Erweiterungsmittel bezeichnete er als »Polar biochemische Funktionsmittel«. Sowohl die Methode als auch die Bezeichnung konnten sich in den Folgejahren jedoch nicht durchsetzen. Vielmehr wurden einige der von ihm beschriebenen Mineralverbindungen den Schüßler-Salzen als Erweiterungsmittel hinzugefügt. Sie sind bis heute erhalten.

Bis zum heutigen Tag sind insgesamt 15 neue Erweiterungsmittel hinzugekommen. Sie haben sich etabliert und finden in der therapeutischen Praxis Anwendung. Wenngleich ihr Stellenwert den ursprünglichen 12 Basismitteln untergeordnet ist, bieten sie wertvolle Hilfe in der sanften Behandlung komplexer moderner Zivilisationskrankheiten. Weitere Erweiterungsmittel werden bereits von Fachautoren vorgeschlagen und diskutiert.

Wer nun mehr über die Person WILHELM HEINRICH SCHÜSSLER erfahren möchte, dem empfehlen wir die spannend zu lesende Biographie von P. EMMRICH & G. OOMEN: *Dr. med. Wilhelm Heinrich Schüßler – Arzt aus Leidenschaft. Die Biografie.* 2021 erschienen im Verlag Fischer & Gann.

DIE 12 BASISMITTEL

NR. 1 CALCIUM FLUORATUM D12

Fluorkalzium CaF_2 oder Flussspat

Es ist der biochemische Hart- und Weichmacher (Gefäß- und Elastizitätsmittel)!

Vorkommen

IM MENSCHLICHEN ORGANISMUS kommt *Calcium fluoratum* in allen Zellen der Oberhaut, der Nägel, des Zahnschmelzes, der Knochenhaut sowie in sämtlichen elastischen Fasern von Sehnen, Bändern und im Übergangsbereich zu den Muskeln und in den Gefäßwänden vor.

Seine 2 Wirkrichtungen sind: Alles, was starr und verhärtet ist, wird durch *Calcium fluoratum* wieder weich und elastisch. Auf der anderen Seite bekommt ein zu schlaffes und ausgeleiertes Gewebe wieder seine natürliche Elastizität und Spannkraft zurück. Der alte Begriff »Spat« bedeutet »blättrig spaltend«. Dieses Phänomen sehen wir beispielsweise beim Nagel, der sich brüchig-splittrig teilen kann. Hier hilft *Calcium fluoratum*.

Zungenbefund

BRAUNER ZUNGENBELAG erscheint auf einer rissigen, teils borkigen, trockenen Zunge.

Gesicht

FEINE WÜRFELFALTEN fallen an den inneren Augenwinkeln auf. Dabei handelt es sich um fächerartige Hautfältchen auf einem bräunlich-rötlich-schwärzlichen Grund, der durch Längs- und Querfalten charakterisiert ist. Diese können sich über das ganze Ober- und Unterlid erstrecken. Teilweise erscheinen vereinzelt kleine Hautschuppen im Gesicht. Dies bezeichnet man als Firnisglanz. Oft auch blasses quadratisches Gesicht bei Menschen mit kurzen Beinen und massivem Oberkörper.

Gemüt

ANGST VOR DER ZUKUNFT und vor einem Unglück. Eine unbegründete Furcht, meist vor einem finanziellen Ruin, steht im Vordergrund, was zu einem unruhigen Schlaf führt. Morgens nicht erholt. Macht sich um andere Sorgen. Depressive Verstimmung. Schlechte Konzentration, die nach dem Essen besser wird.

Modalitäten

WÄRME BESSERT alle Beschwerden. Bewegung, Reiben und Druck bessern. Nach dem Essen fühlt sich der Patient wohler. Lehnt kalte Getränke ab. Sehr empfindlich gegen feuchtes, nebliges und kaltes Wetter. Hierunter treten Schmerzen an unterschiedlichen Bereichen des Körpers in Erscheinung.

Wichtigstes Anwendungsgebiet

ZUR STÄRKUNG DES BINDEGEWEBES!

Weitere Anwendungsgebiete

- Grauer Star (Katarakt) und Komplikationen nach Operation
- Schmerzen in den Augen
- Nasenpolypen
- Zahnschmelzdefekte
- Zahnabszess
- Zahnfisteln mit blutigem Ausfluss
- Schmerzen nach plombierten Zähnen
- Hautunreinheiten
- Hautentzündungen
- Brüchige Haarspitzen (Spliss) und Nägel
- Hornhautbildungen an Händen und Füßen
- Schwielenbildung
- Harte, rissige, schmerzhafte Warzen
- Faltenbildung
- Schwangerschaftsstreifen
- Osteoporose (Knochenerweichung)
- Skoliose (Wirbelsäulenverkrümmung)
- Knochenbrüche
- Bandscheibenschäden mit oder ohne Vorfall
- Gelenkmaus (Knochenbruchstücke im Gelenkspalt)
- Gelenkentzündungen mit Schlottergelenken
- Knochenauswüchse
- Ablagerungen an Gelenken und deformierte Gelenke mit Steifheit
- Rheumatische Beschwerden mit Anlaufschmerzen

- Fersensporn
- Kalte Füße
- Plattfuß
- Gicht
- Sehnenreizungen
- Sehnenverhärtungen (Dupuytren'sche Kontraktur)
- Muskelfaserriss
- Knoten in Kopfhaut (Atherome), Drüsen (Kropf), Brust und Weichteilen – teils steinhart
- Lipome (gutartige Fettgeschwülste)
- Orangenhaut
- Organsenkungen
- Herzvergrößerung
- Elastizitätsverlust der Blutgefäße (Arterienverkalkung, Hämorrhoiden, Krampfadern)
- Aneurysma (Gefäßerweiterung)
- Verwachsungen nach Operationen

Anwendungshinweise

DIE NR. 1 CALCIUM FLUORATUM D12 hat einen positiven Effekt, Säuren aus dem Gewebe zu eliminieren. Gerade in Kombination mit der *Nr. 11 Silicea D12* verstärken sich die beiden Mineralsalzverbindungen idealerweise.

Calcium fluoratum D12

HÄMORRHOIDEN

»Das Heilmittel der Hämorrhoiden ist Fluorcalcium.«

Dr. Schüßler: *Eine abgekürzte Therapie*, 1898

Anwendungsbeispiel

Schmerzhafte Wirbelverlagerung

WÄHREND SEINES HOCHSPRUNGTRAININGS für Olympia bekam der 21-jährige Sportstudent ALEXANDER heftige Rückenbeschwerden. Sein Mannschaftsarzt diagnostizierte einen verschobenen Rückenwirbel. Eine Operation wurde in Aussicht gestellt, doch diese lehnte ALEXANDER vehement ab, denn sie würde seinen Zeitplan komplett durcheinanderbringen. Das vom Sportarzt verordnete Magnesiumpräparat brachte nicht die erhoffte Wirkung. Ein Versuch mit dem Schüßler-Salz *Nr. 1 Calcium fluoratum D12* innerlich in Kombination mit dem Schüßler-Salz *Nr. 11 Silicea D12* in einer Dosierung von je 2 Tabletten im Wechsel über den Tag gelutscht wurde gestartet. Zusätzlich sollten lokal auf der betroffenen Stelle am Rücken die beiden Salben *Nr. 1 Calcium fluoratum* und *Nr. 11 Silicea* mehrmals täglich sanft einmassiert werden. Nach 3 Tagen waren die Beschwerden wie weggeblasen. Von einer Operation sprach keiner mehr. ALEXANDER war sehr glücklich über diese tolle Therapie mit den Schüßler-Salzen und empfahl diese seinen Mannschaftskollegen weiter.

NR. 2 CALCIUM PHOSPHORICUM D6

Phosphorsaurer Kalk $CaHPO_4 \times 2\ H_2O$,
Calciumphosphat oder Hydroxylapatit

Es ist das biochemische Kräftigungsmittel!

Vorkommen

DAS HÄUFIGSTE MINERALSALZ im menschlichen Organismus ist *Calcium phosphoricum*, denn es kommt in allen Körper- und Knochenzellen vor.

Eine große Rolle spielt *Calcium phosphoricum* bei der Zellteilung und beim Eiweißstoffwechsel. Für die Regeneration hat es eine immense Bedeutung. Man nennt es deshalb auch das Aufbau- und Regenerationsmittel par excellence.

Zungenbefund

ES FINDET SICH EIN DICKER weißer Zungenbelag vor, oft mit einem süßen Geschmack verbunden. Selten bemerkt der Patient ein taubes Gefühl an der Zunge.

Gesicht

WÄCHSERNES, BLASSES UND FAST GELBES Hautkolorit, welches einem Käse oder einer gekalkten Wand gleicht. Beginnt zuerst an den Ohren und zieht sich dann über das ganze Gesicht. Die untere Gesichtshälfte ist weniger betroffen. Während und nach einer körperlichen Anstrengung ändert sich die Farbe ins Gelblich-Rötliche. Daher sollte alles in der Ruhe betrachtet werden. Gesicht voller juckender Akne mit fettigem Glanz. Warzen rund um den Mund und an den Mundwinkeln. Offener Mund bei Kindern aufgrund von Nasenpolypen.

Gemüt

NACH ÄRGER UND KUMMER wird alles schlimmer. Mürrisch, stur, unberechenbar, empfindlich, weinerlich, nachtragend, vergesslich – möchte immer irgendwo hingehen. Große Nervosität, zapplig, zeigt kein Interesse am Lernen. Rasche Ermüdung, braucht daher lange Pausen. Morgens große Mühe aufzuwachen. Kneift die Mutter. Seufzt tief, was den Zustand bessert.

Modalitäten

BESCHWERDEN BESSERN SICH bei Wärme, warmen Anwendungen und warmem, trockenem Wetter. Wetterwechsel verschlimmert den Zustand, Patient erkältet sich dabei stets. Schlimmer bei feuchtem, kaltem Wetter und bei kalten Anwendungen, ebenso nachts. Nach Blutverlust und Operationen wird alles schlechter. Eiskalter Körper mit kalter Nase und kalten Ohren. Verlangen nach pikanten Speisen (Geräuchertem).

Wichtigstes Anwendungsgebiet

Folge von Verletzungen mit Knochenbrüchen und verzögerte Rekonvaleszenz.

WIRKT ALS TONIKUM!

Weitere Anwendungsgebiete

- Schlechte Heilung von Knochenbrüchen
- Verzögerte Heilung von Gelenken, Kapsel- und Bänderschwäche (besonders Knie)
- Schwächliche, magere Personen mit großer Infektanfälligkeit
- Lungenerkrankungen
- Allergien aller Art (Heuschnupfen, Milchallergie)
- Vergrößerte Mandeln und Polypen
- Jucken in den Ohren
- Tinnitus
- Schwerhörigkeit nach Katarrh
- Lymphknotenschwellung
- Gestörte Blutbildung (Blutarmut, Anämie)
- Knochen brechen leicht (Osteoporose, Osteomalazie)
- Schwere Glieder mit Kribbeln und Taubheitsgefühl
- Knick-, Senk- und Spreizfüße
- Rheumatische Beschwerden
- Schleimbeutelentzündung
- Kopfekzem mit Ausschlag
- Schulkopfschmerzen gegen Mittag
- Kopfschmerzen wechseln sich mit Bauchschmerzen alternierend ab
- Schnell gewachsene Jugendliche
- Durchschlafprobleme
- Schielen im Kindesalter

- Epilepsie im Pubertätsalter
- Sodbrennen ca. 1–2 Stunden nach dem Essen
- Herzklopfen zusammen mit Zittern in den Beinen, bevorzugt in den Waden
- Menstruationsbeschwerden
- Beschwerden in der Schwangerschaft (u. a. Übelkeit)
- Nächtliche Wadenkrämpfe ohne vorherige Anstrengung
- Krankhafte Schweißneigung (gestörter Hormonhaushalt)
- Juckende Hämorrhoiden
- Eitrige Hautauschläge
- Eiweiß im Urin (v. a. Nierenerkrankung – ärztliche Abklärung empfohlen!)

Anwendungshinweise

MERKE: NR. 1 CALCIUM FLUORATUM D12 macht straff und elastisch (z. B. Schlottergelenke)! – *Nr. 2 Calcium phosphoricum D6* macht stark und fest!

Bei Knochenbrüchen empfehlen sich Wechselgaben von der *Nr. 1 Calcium fluoratum D12* und der *Nr. 2 Calcium phosphoricum D6* mit je 3-mal 1 Tablette über den Tag.

Salbenanwendung von *Nr. 2 Calcium phosphoricum* zwischen den Schulterblättern bei erschöpften Schulkindern oder Operierten wirkt Wunder.

Calcium phosphoricum D6

BESCHWERDEN BEIM ZAHNEN DER KINDER

»Calcarea phosphorica und besonders Fluorcalcium befördern den Durchbruch der Zähne.«

Dr. Schüßler: *Eine abgekürzte Therapie*, 1898

Anwendungsbeispiele

Fall 1: Wachstumsschmerzen

DER 8-JÄHRIGE STEFAN WACHTE fast jede Nacht aufgrund starker Knieschmerzen auf. Wenn man ihn genau befragte, zeigte er auf die Wachstumszonen am Knochen. Er litt wie viele andere Jugendliche unter Wachstumsschmerzen. Da die Knochen vermehrt im Liegen wachsen können, schmerzt es daher bei einigen Jungs mehr als bei den Mädchen, und zwar nachts. Mit dem Schüßler-Salz *Nr. 2 Calcium phosphoricum D6* in einer Anfangsdosierung von 4–6 Tabletten über den Tag verteilt waren die Beschwerden innerhalb einer Woche bei STEFAN verschwunden. Immer dann, wenn er ein Ziehen verspürte, nahm er 2 oder 3 Tabletten von dem Mineralsalz. STEFAN ist heute 18 Jahre alt und hatte ab dem 9. Lebensjahr keine Wachstumsschmerzen mehr gehabt.

Fall 2: Knochenbruch ohne Kallusbildung (verzögerte Knochenheilung)

VOLLER SCHWUNG GING DIE RÜSTIGE 68-jährige OLGA ihren Frühjahrputz an. Als sie die Vorhänge abnehmen wollte, stürzte sie von der Leiter und brach sich dabei den rechten Oberschenkel. Zur Stabilisierung wurde ihr im Krankenhaus ein Nagel in den Oberschenkel eingebracht, der nach der Ausheilung wieder entfernt wurde. Leider zeigte nach fast 7 Wochen ein Kontrollröntgenbild keine Kallusbildung. An der Bruchstelle hatte sich kein neuer Knochen gebildet. In dieser Not kam die Patientin in meine Ordination. Es wurde ihr das Schüßler-Salz *Nr. 2 Calcium phosphoricum D6* mit anfangs 4 Tabletten über den Tag verteilt empfohlen. Eine Kontrolle ergab nach 5 Wochen eine deutliche Knochenneubildung, aber es erschien noch alles nicht stabil genug. Dann bekam OLGA im täglichen Wechsel *Calcium fluoratum D12* (2x 1 Tablette) und am anderen Tag *Calcium phosphoricum D6* (3x 1 Tablette). Nach weiteren 4 Wochen war eine stabile Knochenverbindung der Bruchstücke auf dem Röntgenbild sichtbar. In einer Operation konnte der Nagel problemlos entfernt werden. OLGA war von der Schüßler-Therapie restlos begeistert.

NR. 3 FERRUM PHOSPHORICUM D12

Eisenphosphat Fe (PO_4) x 8 H_2O oder phosphorsaures Eisen

Das Mineralsalz für alle akuten Entzündungen im ganzen Körper!

Es ist das Hauptmittel für das 1. Entzündungsstadium nach SCHÜSSLER, welches charakterisiert ist durch einen trockenen Schwellungszustand ohne Sekretion –
Besserung durch Kälte! Bei Fieberzuständen unter 39 °C.

Vorkommen

EISEN FINDET SICH NICHT NUR in allen Körperzellen, sondern auch und vornehmlich im Hämoglobin, dem roten Blutfarbstoff, und in den Muskelzellen. Im Rahmen von entzündlichen Prozessen wird Eisen aktiviert. Und dies kann mitunter zu einer Stagnation des Blutflusses im Gefäßsystem führen (u. a. Thrombosen). Ein Eisenanstieg im Rahmen eines akut entzündlichen Prozesses lässt sich anhand einer Serumblutanalyse feststellen. SCHÜSSLER kannte diesen Effekt und wollte durch seine potenzierten Eisentabletten das entzündliche Geschehen nicht zusätzlich anheizen. So empfahl er im akuten Entzündungszustand die *Nr. 3 Ferrum phosphoricum* in der Potenzstufe D12, um die aufgeheizte Situation zu beruhigen.

Eisen hat eine große Aufgabe im Bereich der Immunabwehr und spielt für viele Entgiftungsvorgänge im Stoffwechsel eine tragende Rolle. Ein Eisenmangel führt im Blut zu einer Anämie und in der Darmmuskulatur zu einem Durchfall. Liegt der Eisenmangel hingegen in der Darmwand vor, so resultiert daraus eine Verstopfung.

Zungenbefund

ES ZEIGT SICH KEIN BELAG. Die Zunge ist sauber und erscheint in ihrer natürlichen roten Farbe.

Gesicht

IM AKUTEN ENTZÜNDLICHEN ZUSTAND zeigt sich eine Fieberröte, meist zuerst auf der Stirn und dann an den Wangen. Es ist eine hitzige Röte, meist ausgelöst durch Infektion, durch Kälteeinwirkung oder besonders nach einer körperlichen Anstrengung.

Liegt ein chronischer Zustand vor, so erkennt man Schatten unter den Augenhöhlen, welche sich mit einer streifenförmig auslaufenden bläulich-schwarzen Couleur mitunter bis zum Oberlid ziehen und ein hohläugiges Aussehen bewirken. Dies ist ein Hinweis für einen chronischen Eisenmangel.

Gemüt

ANFANGS IST DER PATIENT NERVÖS und empfindlich, oftmals kraftvoll und hitzig. Im weiteren Verlauf macht sich im akuten Zustand eine Schwäche breit. Im Alltag errötet er leicht, wenn er angesprochen wird (Verlegenheitsröte). Im chronischen Zustand ist er müde.

Modalitäten

TYPISCHERWEISE TRETEN ALLE ERSCHEINUNGEN plötzlich, wie aus heiterem Himmel auf, meist nachts von 4 bis 6 Uhr, und gehen mitunter mit starken und sogar sehr starken Schmerzen und einem deutlichen Entzündungsgeschehen einher. Eine Linderung wird durch Kühle und Ruhe erzielt. Nachts wird alles verstärkt wahrgenommen. Die Symptomatik verschlimmert sich durch Wärme, Bewegung, Berührung und Stoß.

CAVE:
Den Verdacht auf eine akute Blinddarmentzündung bitte durch einen Arzt abklären lassen!

Wichtigstes Anwendungsgebiet

Nr. 3 Ferrum phosphoricum D12 ist ein wichtiges Mineralsalz, um akute entzündliche Prozesse zum Abheilen zu bringen. Dabei ist es egal, ob diese im Kopf-, Brust-, Bauchbereich oder an den Extremitäten vorliegen.

ES IST DAS FIEBERMITTEL FÜR TEMPERATUREN BIS 39 °C!

Schmerzen besser durch kalte Anwendungen!
Auch allergische Reaktionen wie ein Heuschnupfen können unter Umständen rasch mit diesem Mineralsalz behoben werden. Mitunter ist in solchen Fällen eine Kombination mit der *Nr. 8 Natrium chloratum D6* hilfreich.

Weitere Anwendungsgebiete

- Frische Wunden, Quetschungen, Verstauchungen und Blutungen
- Infektionen mit oder ohne Fieber
- Körperliche Überanstrengung
- Schleimhautinfektionen

- Hauptmittel bei Kinderkrankheiten
- Magen- und Darmbeschwerden mit oder ohne Erbrechen, sommerliche Durchfälle
- Rheumatische Beschwerden mit oder ohne Durchblutungsstörungen
- Blaue Flecken, Blutergüsse und bei den Folgen von Prellungen und Zerrungen (Salbenanwendung zusätzlich)
- Sonnenbrand und andere Verbrennungen (1. Grad)
- Frostbeulen und kalte Füße, s. auch bei Krampfaderschmerzen (ärztliche Abklärung notwendig!)

Anwendungshinweise

ZU BEGINN KANN IM 5- bis 10-minütigen Abstand 1 Tablette gegeben werden. Tritt im weiteren Verlauf eine deutliche Besserung ein, so reduziert man die Gabenhäufigkeit auf eine halbe oder ganze Stunde über den Tag. An den Folgetagen gibt man bei Besserung 3- bis 4-mal eine Tablette. Man beachte stets den Zungenbelag. Wechselt dieser nach Weiß, so wäre das Folgemittel Schüßler-Salz *Nr. 4 Kalium chloratum D6* angezeigt. Von diesem wird alle 2 Stunden 1 Tablette verabreicht. Die Einnahme der *Nr. 3 Ferrum phosphoricum D12* wird dann beendet.

Erfolgt jedoch unter dem Mittel *Nr. 3 Ferrum phosphoricum D12* eine deutliche Besserung, dann kann nach 6–8 Wochen bei chronischen Erkrankungen zur Potenzstufe D30 gewechselt werden, falls die Genesung zwar voranschreitet, aber das Geschehen noch nicht vollständig verschwunden ist. Von der D30-Potenzstufe nimmt man alle 3 Tage 1 Tablette. Selbstredend sollte stets überprüft werden, ob das Mittel noch angezeigt ist. Ansonsten sollte man an einen Mittelwechsel denken.

Ferrum phosphoricum D12

FIEBER

»Was die biochemische Behandlung des Fiebers betrifft, so entspricht dem Entzündungsfieber Ferrum phosphoricum.«

Dr. Schüßler: *Eine abgekürzte Therapie*, 1898

Anwendungsbeispiele

Fall 1: Sonnenbrand

MELANIE, EINE 24-JÄHRIGE Philosophiestudentin, lag zusammen mit ihrer besten Freundin MARLIS in den Semesterferien im Liegestuhl unter einem großen Walnussbaum. Die Mädels dachten, sie würden durch das Blätterwerk des Baumes im Schatten geschützt. Es gab ja so viel zu erzählen. Man trank gekühlte Getränke, aß etwas Obst und genoss den herrlichen Sommertag. Morgens hatte man sich gut mit Sonnencreme eingerieben, doch die Zeit verging viel zu schnell. Als es Abend wurde, spannten Gesichtshaut und Dekolleté. Und als die Damen einander anschauten, bemerkten sie ihre Sonnenbrände. Umgehend wurde die Salbe *Nr. 3 Ferrum phosphoricum* zu Hause messerrückendick auf die geröteten Hautareale aufgetragen und alle 15 Minuten 1 Tablette der *Nr. 3 Ferrum phosphoricum D12* bis zum Zubettgehen eingenommen. Interessanterweise war die Hitze in den nächsten 3–4 Stunden deutlich zurückgegangen, sodass die Nachtruhe ungestört verlief. Am nächsten Morgen war von den Sonnenbränden nichts mehr zu sehen. Das Schüßler-Salz *Nr. 3* wurde für weitere 3 Tage – morgens und abends 1 Tablette – fortgeführt, sodass sich die Haut restlos von den Sonnenstrahlen beruhigen konnte.

Fall 2: Halsschmerzen

DEN 7-JÄHRIGEN TIM plagten seit dem Erwachen am frühen Morgen starke Halsschmerzen. Am Vorabend war alles noch in bester Ordnung gewesen. Seine Mutter gab ihm alle 15–20 Minuten 1 Tablette *Nr. 3 Ferrum phosphoricum D12*. Zum Mittagessen waren die Halsschmerzen ohne weiteres Dazutun restlos abgeklungen. Zur Stärkung der körpereigenen Abwehr, aber auch um einem Rückfall vorzubeugen, nahm der Bub das Schüßler-Salz alle 4 Stunden für die nächsten 2 Tage weiter. Bei Beschwerdefreiheit konnte die Einnahme beendet werden.

Fall 3: Verstauchter Knöchel (Supinationstrauma)

HERTHA WAR EINE PASSIONIERTE Wanderführerin und mit ihren 67 Jahren noch sehr agil. Doch eines Tages war sie unaufmerksam und verdrehte sich den rechten Knöchel, als sie unbeabsichtigt in eine Mulde trat. Der Schmerz schoss ihr wie ein Pfeil ins Bein und in Minutenschnelle schwoll die ganze Knöchelregion deutlich an. In ihrem Rucksack hatte sie glücklicherweise als Notfallmittel die Salbe *Nr. 3* und die Tabletten *Ferrum phosphoricum D12* mit dabei. Sofort wurde die Salbe dick auf den Knöchel aufgetragen und alle 5–10 Minuten 1 Tablette *Nr. 3 Ferrum phosphoricum D12* gelutscht. Wer keine Salbe zur Hand hat, kann auch 10 Tabletten *Nr. 3* in lauwarmem Wasser auflösen, damit ein Tuch tränken und auf die betroffene Stelle auflegen. Innerhalb einer 3-stündigen Vesperpause wirkte die Salbenanwendung und

HERTHA konnte im stabilen Zustand zur nächsten Bushaltestelle laufen. Zu Hause wurde die Salbenauflage fortgeführt und anfangs stündlich und später alle 2–3 Stunden 1 Tablette *Nr. 3 Ferrum phosphoricum D12* gelutscht. Nach 3 Tagen war HERTHA restlos beschwerdefrei. Ihr Orthopäde staunte nur, als sie ihm Wochen später ein Foto ihres Knöchels zeigte.

NR. 4 KALIUM CHLORATUM D6

Kaliumchlorid KCl, Chlorkalium
oder Kalium muriaticum

Es ist das biochemische Schleimhautmittel!

Es ist das Hauptmittel für das 2. Entzündungsstadium nach SCHÜSSLER, welches charakterisiert ist durch weiße, weißgraue oder weiß-schleimige zähflüssige Absonderungen – Besserung durch Wärme!

Vorkommen

KALIUM FINDET SICH FAST IN ALLEN KÖRPERZELLEN und ist wichtig für die Aktivierung des Zellstoffwechsels. Kalium stellt einen natürlichen Gegenspieler im physiologischen Gleichgewicht zu Natrium und Calcium dar und hat einen großen Einfluss auf den Eiweißaufbau und die Kohlenhydratverwertung. Daneben hemmt Kalium die Blutgerinnung. Dort, wo Innenwelt auf Außenwelt trifft, hat die Natur eine Schleimhaut an den betroffenen Organen etabliert, welche immunologisch hochaktiv ist. Die Schleimhäute müssen feucht sein. Trocknen sie z. B. durch trockene Heizungsluft in geschlossenen Räumen aus, so verlieren sie ihre Schutzfunktion und verschiedene Erreger wie Bakterien, Viren, Pilze oder Prionen können ungehindert in unseren Körper eindringen und sich dort ausbreiten. Gerade am Respirationstrakt zeigt sich dies mit einem Schnupfen oder einem Husten. Chloride sind die Salze von Chlor, welches bekanntlich eine stark desinfizierende Wirkung besitzt. In öffentlichen Schwimmbädern wird das Wasser z. B. durch Einleiten von Chlor keimarm gemacht. Chlor steht zusammen mit Fluor, Brom und Jod in der 7. Hauptgruppe des Periodensystems der Elemente. Dabei handelt es sich um reaktionsfreudige Nichtmetalle. Somit wird klar, dass SCHÜSSLER zu Zeiten, als es noch kein Antibiotikum gab, von der desinfizierenden Wirkung seiner *Nr. 4* begeistert war.

Zungenbefund

ES FINDET SICH EIN WEISSER, weiß-grauer oder weiß-gelblicher Belag. Dieser kann mitunter sehr stark ausgeprägt sein (hoher Flor).

Gesicht

MEIST SIEHT MAN EIN BLASSES GESICHT (Alabasterhaut) mit milchig-bläulichen oder milchig-rötlichen Verfärbungen. Ausgeprägt zeigen sich diese am Unterlid, vor allem bei jungen Damen, die immer wieder Erkältungen haben.

Gemüt

PATIENTEN, DIE DIE *NR. 4 KALIUM CHLORATUM* benötigen, fühlen sich stets krank, sind müde, bewegen sich wenig und leiden sehr.

Modalitäten

WÄRME UND WARME ANWENDUNGEN BESSERN alle Beschwerden. Bewegung verschlechtert den Zustand meistens. Oftmals sind ihre Beschwerden zyklisch und wechseln zusätzlich ihren Ort. Schmerzen nur bei Bewegung oder durch Bewegung schlimmer. Krankhafter Heißhunger, der durch Wassertrinken besser wird. Fettige und stark gewürzte Speisen verschlimmern den Zustand. Diese liegen stundenlang unverdaut im Magen und machen ein Völlegefühl, welches am Einschlafen hindert.

Wichtigstes Anwendungsgebiet

Verletzungen, Prellungen und Schwellungen oder Erkältungen jeder Art, nachdem sie das 1. Entzündungsstadium durchlaufen haben.

DAS MITTEL FÜR HAUT UND SCHLEIMHAUT!

Weitere Anwendungsgebiete

- Katarrhe verschiedener Organe, mit oder ohne Absonderungen
- Augenentzündungen
- Stockschnupfen
- Mittelohrentzündung mit oder ohne Ergussbildung hinter dem Trommelfell
- Schwerhörigkeit oder Taubheit, auch Folge chronischer Entzündungen
- Mandelentzündungen
- Bronchitis mit zähem Schleim (wie Fäden)
- Keuchhusten
- Lungen- und Rippenfellentzündung

- Masern
- Mumps
- Trockene Hautausschläge mit mehlartiger Schuppung
- Herpesausschlag mit schmerzhaften Bläschen
- Warzen
- Schwellung von Gelenken
- Schleimbeutelentzündung
- Sehnenscheidenentzündung
- Chronische Gelenkleiden
- Rheumatismus
- Gicht
- Blasen- und Nierenentzündungen
- Chronische Blinddarmreizung (akute Reizung bitte durch den Arzt abklären!)
- Blut dick und zähflüssig, sehr dunkel
- Bluterguss (zum schnelleren Abbau)
- Hämorrhoiden mit oder ohne Blutung
- Frostbeulen
- Hühneraugen
- Chronische Venenentzündungen
- Symptome einer Impfreaktion

Anwendungshinweise

ES IST DAS FOLGEMITTEL DER *Nr. 3 Ferrum phosphoricum D12*. Schon SCHÜSSLER lobte die *Nr. 4 Kalium chloratum* gerade bei chronischen Erkrankungen mit einem weißen Zungenbelag und einer Verbesserung durch Wärme. Er mahnte seine Patienten, die Anwendung der *Nr. 4 Kalium chloratum D6* nicht zu früh einzustellen, denn dadurch werden Rückfälle provoziert. Mitunter kann bei deutlicher Besserung nach 6 Wochen zu einer *D12* gewechselt werden, welche morgens und abends mit 1 Tablette angewendet wird, bis alles restlos abgeheilt ist.

Anwendungsbeispiel

Fall: Grippaler Infekt

SEIT DREI WOCHEN LITT der 63-jährige Glasermeister HANS unter einem starken grippalen Infekt mit einer ausgeprägten Bronchitis. Vom Hausarzt bekam er zu Beginn seiner Erkältung einen Hustensaft und ein Antibiotikum für 7 Tage verschrieben. Doch sein Zustand wurde nur wenig besser. Seine Frau machte ihm Einreibungen mit einem Bronchialbalsam auf Brust und Rücken und er inhalierte und trank 2–3 Tassen Hustentee täglich. Tageweise fühlte er sich besser, war aber sehr geschwächt. Wenn er 2 Stunden auf den Beinen war, musste er sich wieder hinlegen. So ging HANS daher nur noch am Vormittag kurz ins Büro, schaute die Post durch und gab seinen Mitarbeitern Informationen für die neuen Aufträge. Nachts hatte er oft einen Schweißausbruch, doch das Thermometer zeigte rektal gemessen 38 °C – also nur erhöhte Temperatur und kein Fieber. Der Hausarzt wechselte nach 10 Tagen das Antibiotikum. Darunter entwickelte HANS einen starken Hautausschlag sowie einen heftigen Durchfall. In seiner Not suchte er mich auf. Bei der Inspektion der Zunge zeigte sich ein dicker Zungenbelag. Warme Anwendungen taten HANS gut. Da mittlerweile 3 Wochen vergangen waren, versuchten wir es mit dem Schüßler-Salz *Nr. 4 Kalium* *chloratum D6* mit 6-mal 1 Tablette über den Tag verteilt. Die Salbe *Nr. 4 Kalium chloratum* sollte HANS auf den Hautausschlag 3-mal täglich messerrückendick auftragen.

Nach 3 Tagen war eine deutliche Wende eingetreten. HANS hatte wieder Appetit, war weniger müde und der Kopf war wieder frei, sodass er über 6 Stunden am Schreibtisch arbeiten konnte. Mittlerweile war bei HANS einiges an Arbeit liegen geblieben. Nach weiteren 7 Tagen fühlte er sich deutlich besser. Keine nächtlichen Schweißausbrüche und kein Husten mehr. Wir reduzierten das Schüßler-Salz auf 3-mal 1 Tablette täglich. Der Hautausschlag und der Durchfall waren restlos abgeklungen. HANS war mit der Schüßler-Salz-Behandlung sehr zufrieden.

Kalium chloratum D6

HEISERKEIT

»Bei der einfachen, nach Erkältung entstandenen Heiserkeit paßt Kalium chloratum.«

Dr. Schüßler: *Eine abgekürzte Therapie*, 1898

NR. 5 KALIUM PHOSPHORICUM D6

Kaliumhydrogenphosphat KH_2PO_4 x 3 H_2O,
phosphorsaures Kalium oder Kaliumphosphat

Es ist das biochemische Nerven- und Fiebermittel!

Bei Fieberzuständen über 39 °C.

Vorkommen

KALIUM PHOSPHORICUM IST DAS BEDEUTENDSTE anorganische Lebenssalz, da es sowohl im Gehirn, in den Nerven- und Muskelzellen als auch in den roten Blutkörperchen und in den Gewebsflüssigkeiten vorkommt. Für SCHÜSSLER was dieses Mittel das wichtigste bei der Behandlung von Diphtherie, einer noch heute weltweit vorkommenden bakteriellen Erkrankung, bei der Todesfälle durch Ersticken verzeichnet werden. SCHÜSSLER rettete nach eigenen Angaben vielen Hundert Kindern mit diesem Mineralsalz das Leben, zu einer Zeit, als es noch kein Antibiotikum gab. Dies war sicherlich einer der Hauptgründe, weshalb diese einfache Heilweise sich rasch über den ganzen Erdball ausgebreitet hat.

Zungenbefund

EIN SENFFARBENER BELAG und ein stinkender Mundgeruch sind typisch.

Gesicht

IM BEREICH DER SCHLÄFEN und am Kinn zeigt sich zuerst eine aschgraue, fahle Gesichtsfarbe, welche mit der Zeit sich über das ganze Gesicht ausbreiten kann. Man hat den Eindruck eines ungewaschenen Gesichts. Vor allem an den unteren Augenlidern zeigt sich diese blass-graue Veränderung. Im chronischen Zustand finden sich zusätzlich eingefallene Schläfen (Fettabbau im Gewebe) beim ausgezehrten Patienten.

Gemüt

ÄNGSTE, SORGEN, TRAUER, Gedächtnisschwäche und Erschöpfungszustände von Körper und Geist dominieren beim *Kalium-phosphoricum*-Patienten. Seine körperlichen, seelischen und geistigen Fähigkeiten sind stark eingeschränkt und eine depressive Stimmung ist vorherrschend. Er hört das »Gras wachsen«, ist sehr sensibel, hat einen leichten Schlaf und wird daher durch jedes geringste Geräusch wach. Ausgeprägte Ein- und Durchschlafstörungen mit starken Albträumen. Spürt sein Herz schlagen (Herzpalpitationen) und leidet phasenweise unter einer Muskelschwäche oder einem Lähmungsgefühl (psychogen).

Modalitäten

BEFÜRCHTUNGEN, WIRRE GEDANKEN, Gedankenkreisen, wenig Hoffnung und Ängste zeichnen das Krankheitsbild aus. Nachts wird alles viel schlimmer wahrgenommen. Der Patient liegt nächtelang wach und negative Nachrichten führen zu Aufregung, welche im Nachgang in eine geistige Schwäche mündet. Essen, Kälte, körperliche und geistige Anstrengungen verschlimmern den Zustand, wohingegen Wärme, warme Anwendungen und eine moderate Bewegung den Zustand bessern.

Wichtigstes Anwendungsgebiet

DAS HAUPTMITTEL FÜR EIN ÜBERERREGTES NERVENKOSTÜM!

Nervosität, Angst, Furcht, Gedächtnisschwäche, Melancholie, Depressionen, Hysterie, Erschöpfungszustände – sowie bei Zuständen von Lähmungserscheinungen z. B. nach einem Schlaganfall und degenerativen Nervenerkrankungen.

Weitere Anwendungsgebiete

- Unlust zu geistiger Tätigkeit (Schüler!)
- Nervöse Schlaflosigkeit
- Nervöse Herzbeschwerden (ärztliche Abklärung erbeten!)
- Herzmuskelschwäche
- Entspannt Herzkranzgefäße, »Herzstechen«
- Herzrhythmusstörungen, auch anfallsweise (paroxysmal)
- Herzklopfen (»nervöses Herz«)
- Rückenschmerzen
- Muskelschwäche
- Kräfteverfall bei Infektionskrankheiten, Blutverlust oder nach operativen Eingriffen
- Wadenkrämpfe
- Nervenschmerzen
- Neuralgien

- Lähmungserscheinungen (Schlaganfall, Kinderlähmung, neurologische Ursachen)
- Haarausfall am Kopf, an den Augenbrauen und am Bart
- Wundheilungsstörungen
- Infizierte und nicht heilende Wunden
- Infektionen unklarer Ursache (Fieber über 39 °C)
- Chronische Zustände mit übelriechenden, fauligen Absonderungen (Stuhl, Urin, Schweiß)
- Zellzerfall

Anwendungshinweise

CAVE:
Nicht bei Tuberkulose anwenden!

IMMER WIEDER KOMMEN HEUTZUTAGE vermehrt Tuberkulosefälle bei uns vor. Man verwendet stattdessen die beiden Schüßler-Salze *Nr. 7 Magnesium phosphoricum D6* und *Nr. 9 Natrium phosphoricum D6*, anfangs im 2-stündigen Wechsel eine Gabe.

Beseitigt Waden- und Venenkrämpfe, wenn die *Nr. 7 Magnesium phosphoricum D6* oder die *Nr. 2 Calcium phosphoricum D6* nicht half.

Zur Wundreinigung wird ein getränkter steriler Mull verwendet, welchen man in warmes Wasser taucht, in dem zuvor 5 Tabletten *Nr. 5 Kalium phosphoricum D6* aufgelöst wurden.

CAVE:
Keine Salben auf offene Wunden auftragen!

BEI FUNKTIONELLEN HERZBESCHWERDEN haben Salbenläppchen, zur Nacht auf die Brust gelegt, oder Salbeneinreibungen oftmals rasch eine Besserung gebracht.

Falls nach 6–8 Wochen unter *Nr. 5 Kalium phosphoricum D6* eine deutliche Besserung eintrat, kann zur Potenz *D12* gewechselt werden. Davon nimmt man 2–4 Tabletten täglich. Nach weiteren 6–8 Wochen und zunehmender Befundverbesserung kann zur Potenz *D30* gewechselt werden. Davon nimmt man in der Regel alle 3 Tage 1 Tablette, bis eine zufriedenstellende Beschwerdefreiheit auftritt. Ansonsten ist ein anderes, besser passendes Mittel zu suchen oder eine Kombinationstherapie mit einem Ergänzungssalz sinnvoll.

Anwendungsbeispiel

Fall: Angstzustände

WENN GERT VOR SEINER KLASSE STAND und etwas erklären musste, hatte er das Gefühl, dass alle Augen seiner Schüler ihn durchlöcherten. Er bekam fast keinen Ton raus oder fing an zu stottern. GERT war ein 25-jähriger Realschullehrer und ein wahrlich talentierter Dozent, der sehr beliebt bei seinen Schülern und im Lehrerkollegium war. Wenn da nicht immer diese fürchterliche Anspannung gewesen wäre. Er hätte in solchen Situationen im Boden versinken können. Zwar gab es durchaus Tage, da alles wie geschmiert lief, aber genauso oft gab es für ihn diese Problemtage, die ihn psychisch völlig überlasteten. Was hatte er nicht alles versucht. Autogenes Training, Yoga, Meditation, Hypnose. Gerade unter der Hypnose-Therapie ging es ihm anfangs sehr gut. Doch mit der Zeit blieb der Effekt aus. Danach war er wieder für Wochen gefrustet. GERT schaffte es nicht, die wie aus heiterem Himmel in ihm auftretende Hochspannung loszuwerden. Wir versuchten es mit dem Schüßler-Salz *Nr. 5 Kalium phosphoricum D6*, anfangs mit einer Dosierung von 6 Tabletten über den Tag. Nach 6 Wochen wechselten wir zur *D12*. Über Wochen war GERT nun gekräftigt, was er zunächst selbst nicht glauben konnte. Sein Nervenkostüm wurde stabiler als je zuvor. Wir wechselten nach geraumer Zeit zur *D30*, von welcher er alle 3–4 Tage 1 Tablette lutschte. Nach weiteren 4 Monaten konnte die Behandlung eingestellt werden. Die Nachbeobachtung dauerte 4 Jahre. GERT war von seiner Anspannung restlos befreit und erfüllte seinen Job mit einem völlig neuen Lebensgefühl.

GEHIRNERSCHÜTTERUNG

»Kali phosphoricum ist das entsprechende Mittel.«

Dr. Schüßler: *Eine abgekürzte Therapie*, 1898

NR. 6 KALIUM SULFURICUM D6

Kaliumsulfat K_2SO_4 oder schwefelsaures Kalium

Es ist das große Entgiftungsmittel in der Biochemie!

Es ist das Hauptmittel für das 3. Entzündungsstadium nach SCHÜSSLER, welches charakterisiert ist durch gelb-schleimige Absonderungen.

Vorkommen

KALIUM SULFURICUM KOMMT HÄUFIG mit Eisen zusammen in den Oberhautzellen und der Muskulatur vor. Zeigt sich ein Mangelzustand, so treten starke Hautabschuppungen auf, wie wir das bei der Schuppenflechte oder Neurodermitis kennen. Mitunter können sich ganze Hautareale ablösen und dem Patienten schmerzhafte Blessuren bereiten.

Zungenbefund

ES FINDET SICH VERSTÄRKT im hinteren Zungenabschnitt ein gelber oder gelb-schleimiger Belag, der sich mitunter über die ganze Zunge erstrecken kann.

Gesicht

ES ZEIGEN SICH AN VERSCHIEDENEN Körperstellen gelblich-braune bis braun-gelbliche Hautverfärbungen. Im Bereich der Augenlider kommen diese am Oberlid vermehrt vor. Sind nur die Unterlider betroffen, so erscheinen diese dunkler. Aber auch Sommersprossen (Kinder), Leberflecken und Alterspigmentflecken können überall an der Haut in Erscheinung treten. Blasses Gesicht mit schlankem Habitus.

Gemüt

TRAURIGER, NERVÖSER UND ängstlicher Gesamteindruck. Weint leicht und ist unzufrieden. Keine Lust zur Arbeit. Spricht wenig und gibt keine Antworten. Hat Verlangen nach etwas, doch wenn es ihm gereicht wird, lehnt er es ab. Kinder haben oft einen offenen Mund.

Modalitäten

IN WARMEN ODER GESCHLOSSENEN, stickigen Räumen wird von den Patienten alles viel stärker wahrgenommen. Gegen Abend verschlechtert sich das Beschwerdebild deutlich. Ein kurzer Abendspaziergang in frischer kühler Luft verschafft eine Linderung der Beschwerden. Verschlechterung des Gesundheitszustandes nach Entfernung der Mandeln. Wenn jemand nach sportlicher Betätigung (erhitzter Körper) krank wird.

Wichtigstes Anwendungsgebiet

Aktivierung aller Ausscheidungsprozesse des Organismus an der Haut oder an den Schleimhäuten sowie der Leber.

DER AKTIVATOR FÜR DEN LEBERSTOFFWECHSEL!

Weitere Anwendungsgebiete

- Schnupfen mit oder ohne gelb-schleimigem Sekret
- Nasennebenhöhlenentzündung (Stirn- und Kieferhöhlen)
- Nasenpolypen
- Ohrfluss (akut oder chronisch mit gelbem Sekret)
- Husten
- Grauer Star
- Katarrh mit chronischer eitriger Schleimhautabsonderung aus Augen (Bindehaut), Nase, Ohren, Hals, Bronchien, Nieren, Blase und Magen-Darm-Trakt
- Bronchialasthma
- Keuchhusten
- Chronische Darmentzündung wie Morbus Crohn (ein entzündlicher Prozess, der punktuell im gesamten Verdauungsbereich auftreten kann) oder Colitis ulcerosa (geschwürige Entzündung beschränkt sich nur auf den Dickdarm)
- Leberentzündung (Hepatitis – ärztliche Abklärung nötig!)
- Nierensteine
- Kopfhautschuppen
- Haarausfall
- Hautjucken
- Hautausschläge (Neurodermitis und Schuppenflechte)
- Eitrige Hautentzündungen (Akne, Pickel, Abszesse, Impetigo), wenn die Haut immer wieder aufbricht
- Hautabschuppungen nach Masern und Scharlach
- Hautverbrennungen 2. Grades (begleitend)
- Chronische Nacken-, Rücken- und Gliederschmerzen
- Rheumatische Beschwerden
- Gelenkschwellungen

BEI HAUTJUCKEN IST EINE KOMBINATION mit *Nr. 7 Magnesium phosphoricum D6* innerlich in Tablettenform und als Salbe sinnvoll. Viele Patienten konnten dadurch auf Cortisonsalben verzichten.

Zur Aktivierung des Leberstoffwechsels: Salbenauflagen mit der Salbe *Kalium sulfuricum* (messerückendick) nach dem Mittagessen im Bereich des rechten Rippenbogens (darunter liegt die Leber), mit trockenem Tuch abdecken, Wärmeflasche drauflegen und ruhen. Viele Patienten erwachen erholt und tiefenentspannt.

CAVE:
Keine Salben auf offene Wunden auftragen!

BEI HAUTEITERUNGEN, ABSZESSEN und eitrigen Wunden werden diese mit einem sterilen getränkten Mull gereinigt oder bedeckt (siehe *Nr. 5 Kalium phosphoricum*).

Bei chronisch gewordenen Sekret-Absonderungen aus der Nase mit Borkenbildung kann morgens und abends eine erbsengroße Salbenmenge in jedes Nasenloch sanft einmassiert werden.

Kalium sulfuricum D6

SCHMERZEN

»Bei Schmerzen, welche in warmer Stube und gegen Abend sich verschlimmern, in freier, kühler Luft sich bessern: Kali sulphuricum.«

Dr. Schüßler: *Eine abgekürzte Therapie*, 1898

Anwendungsbeispiel

Fall: Erhöhte Leberwerte unklarer Ursache

SEIT 30 JAHREN SANG REGINA (71 Jahre) im Kirchenchor und staunte sehr, als bei einer Routineuntersuchung beim Hausarzt deutlich erhöhte Leberwerte festgestellt wurden. Eine Leberentzündung (Hepatitis) konnte ausgeschlossen werden. Aber was war die Ursache? Konnte eventuell ein stark wirkendes chemisches Reinigungsmittel beim Schrubben der Kirchenbänke als Auslöser in Frage kommen? Oder lag es an dem seit Monaten bestehenden Blähbauch, der REGINA am Abend sehr störte?

Trotz Ultraschalluntersuchung konnte der Internist keine Ursache finden. Die Ärzte waren ratlos und empfahlen abzuwarten.

Das wollte REGINA jedoch nicht und fragte um Rat. In diesem Fall sollte das große Schüßler-Salz zur Aktivierung aller Ausscheidungsprozesse zum Einsatz kommen, um den Leberstoffwechsel anzuregen bzw. die mögliche Ursache, welche offenkundig im Verborgenen lag, zu beseitigen. Über 8 Wochen wurde das Schüßler-Salz *Nr. 6 Kalium sulfuricum D6* angewendet. Die Patientin lutschte 3-mal täglich 1 Tablette vor dem Essen. 2-mal die Woche machte sich REGINA mittags einen Leberwickel. Innerhalb von 3 Wochen war der Blähbauch verschwunden, und nach 8 Wochen berichtete sie vom Abheilen eines schon lang bestehenden Hautausschlages im rechten Wadenbereich. Die neu kontrollierten Leberwerte lagen alle wieder in der Norm und blieben es auch künftig. Hier verschwand ein sogar dem Therapeuten unbekannter Hautauschlag durch das richtig gewählte Schüßler-Salz. Das nennt man ganzheitliche Therapie.

NR. 7 MAGNESIUM PHOSPHORICUM D6

Magnesiumhydrogenphosphat $MgHPO_4$ x 3 H_2O,
phosphorsaures Magnesium oder Magnesiumphosphat

Es ist das biochemische Schmerz- und Krampfmittel!

Vorkommen

MAGNESIUM IST REICHLICH IM GEHIRN, im Rückenmark, in den Nervensträngen, in der Schilddrüse und in der Leber, in den Knochen, in den Zähnen und in den Muskeln vorhanden. Auch sind die roten Blutkörperchen gut damit angefüllt. Liegt ein Mangel des Minerals Magnesium im Gewebe vor, so treten zuerst Krämpfe in den verschiedenen Muskeln und Muskelanteilen von Magen, Darm, Gallenblase, Herz, Blase und vor allem der Waden auf. Für SCHÜSSLER war die *Nr. 7* das wichtigste seiner 12 Mineralsalze. Es war im Jahre 1861, als EDUARD LIESEGANG (1838–1896) durch Entzünden von Magnesiumoxid das »Blitzlicht« entdeckt hat. Denn bei seinem Experiment entstand ein grelles Licht, das gerade für die Photographie sehr vorteilhaft war. Benannt ist Magnesium nach einer antiken Stadt im Westen Kleinasiens. Die Überreste dieser Stadt liegen in der heutigen Türkei. Übrigens bedeutet das griechische Wort Phosphor »Lichtträger«. *Magnesium phosphoricum* bedeutet übersetzt »eine Verstärkung des Lichtblitzes«.

Zungenbefund

SIE IST REIN und hat keinen Belag.

Gesicht

BEI DER BETRACHTUNG FALLEN typischerweise zwei eurostückgroße hellrote (karmesinrote) Flecken auf den Wangen auf. Diese treten auch beim Gesunden meist nach körperlicher Anstrengung (Sport) in Erscheinung und verschwinden nach einer gewissen Zeit wieder. Bei Patienten mit einem Magnesiummangel bleiben sie jedoch bestehen und zeigen damit das Defizit an Magnesium an. Aber auch in Situationen der Verlegenheit (Lampenfieberröte) oder bei Scham zeigen sich diese hellroten Flecken. Ein rotbäckiges Kind hat so betrachtet einen Magnesiummangel!

Gemüt

HÄUFIG STEHEN MAGNESIUM-PATIENTEN unter Hochspannung, sind gereizt und haben starke Schmerzen. Diese treten plötzlich, also »blitzartig« in Erscheinung.

Modalitäten

DIE SCHMERZEN WERDEN ALS EINSCHIESSEND, stechend, bohrend, reißend oder krampfartig beschrieben und wechseln oftmals die Intensität und den Ort. Nachts wird meistens alles schlimmer. Warme Anwendungen, Reiben mit diskretem Druck, aber auch ein Zusammenkrümmen des Körpers bessern die Beschwerden. Kälte in jeder Form (Wasser, Auflage oder Wind) verschlimmert alles. Der Patient lehnt eine Berührung im Bereich der Schmerzen ab und möchte daher nicht untersucht werden.

Wichtigstes Anwendungsgebiet

Magen- und Leibschmerzen, Muskelschmerzen, Nervenschmerzen und Menstruationsbeschwerden

SCHMERZEN BESSER DURCH WARME ANWENDUNGEN!

Weitere Anwendungsgebiete

- Kopf-, Nacken- und Rückenschmerzen
- Migräne
- Ischiasbeschwerden – Hexenschuss
- Verkrampfung der Zwischenrippenmuskulatur nach Anstrengung (ärztliche Abklärung nötig!)
- Koliken (ärztliche Abklärung nötig!) mit oder ohne Durchfall
- Ein- und Durchschlafstörungen
- Nächtliches Bettnässen
- Nervenschmerzen (Neuralgien)
- Gürtelrose
- Zähneknirschen
- Zahnschmerzen, Neuralgien
- Zahnungsbeschwerden
- Gesichtszuckungen und Tics
- Lidzuckungen
- Krampfhusten (kleine Kinder und alte Menschen)
- Hämorrhoidalbeschwerden mit oder ohne Afterkrampf

- Mäßig erhöhter Blutdruck
- Durchblutungsstörungen
- Cholesterinspiegelerhöhung
- Schuppenflechte (in Kombination mit der *Nr. 6 Kalium sulfuricum D6*)
- Juckreiz ohne erkennbare Ursache

Anwendungshinweise

ALS »HEISSE 7« HAT SICH *Magnesium phosphoricum D6* weltweit über nahezu 150 Jahren bestens bewährt. Hierzu werden 5–10 Tabletten der *Nr. 7 Magnesium phosphoricum D6* in heißem Tee (Melissentee hat ebenso eine entspannende Wirkung) gelöst und schluckweise ausgetrunken. Unter Umständen sind weitere Tassen notwendig, bis eine deutliche Besserung oder gar Beschwerdefreiheit eintritt. Verschlimmert sich der Zustand, so ist ärztlicher Rat dringend angezeigt! Später gibt man 3- bis 6-mal 1 Tablette, bis der Patient über 3 Tage restlos frei von seinen Beschwerden ist.

Salbenanwendungen können auf der betroffenen Region mehrmals am Tag durchgeführt werden.

Magnesium phosphoricum D6

NACKEN-, RÜCKEN- UND GLIEDER-SCHMERZEN

»Lebhafte, schießende, stechende Schmerzen, welche Pause machen und die Stelle wechseln: Magnesia phosphorica.«

Dr. Schüßler: *Eine abgekürzte Therapie*, 1898

Anwendungsbeispiele

Fall 1: Wadenkrämpfe

SEIT ÜBER 20 JAHREN war HEINER als Lagerist bei einem Baustoffgroßhandel tätig. Fast den ganzen Tag fuhr er mit einem Gabelstapler durch die Hallen. Mit seinen 43 Jahren war er ein gesunder muskulöser Mann und leidenschaftlicher Freizeitfußballspieler, der als Rechtsaußen für seine gezielten Flanken in der Mannschaft sehr geschätzt wurde. Seit mehreren Wochen spürte HEINER während der Arbeit nach 2–3 Stunden ein Ziehen in der rechten Wade. Nachts konnte es schon ab und zu vorkommen, dass er einen Wadenkrampf bekam und wie ein Pfeil aus dem Bett sprang, obgleich er regelmäßig Magnesiumtabletten einnahm. Offenkundig gelangten die Magnesiumionen aber nicht in ausreichendem Maße in die Muskelzellen. In solchen Fällen ist das potenzierte Magnesium, Schüßler-Salz *Nr. 7*, eine Art Katalysator, welches die Zellen für Magnesium öffnet. Ich empfahl HEINER, anfangs 3- bis 6-mal 5 Tabletten der *Nr. 7 Magnesium phosphoricum D6* über den Tag verteilt zu lutschen. Schon nach einem Tag schmerzte die Wade nicht mehr und die Wadenkrämpfe verschwanden nach 10 Tagen intensiver Behandlung restlos. Falls sich abermals ein Ziehen in der Wade ankündigen sollte, wird HEINER wieder das Schüßler-Salz *Nr. 7* anwenden.

Fall 2: Bauchkrämpfe

MAIK GEFIEL SEINE BÜROKAUFMANNSLEHRE sehr gut, wenn da nicht ab und zu diese Bauchkrämpfe gewesen wären, die ihn von der Arbeit abhielten. Er litt seit 2 Jahren darunter und bekam sogar von einem Internisten den Darm gespiegelt.

Glücklicherweise fand man bei der Koloskopie keine Ursache für diese Bauchkrämpfe. Eine Milchzuckerunverträglichkeit (Lactoseintoleranz) sowie eine Fruchtzuckerunverträglichkeit (Fructoseintoleranz) konnten als Ursachen ebenso ausgeschlossen werden. Offenkundig lag eine funktionelle Störung der Darmmuskulatur vor. Schüßler-Salz *Nr. 7 Magnesium phosphoricum D6* als »heiße 7« kann das Problem oftmals in kurzer Zeit vollständig beheben. Als Spezialeinnahme löst man 5–10 Tabletten der *Nr. 7* in warmem Wasser auf und trinkt das Glas schluckweise aus. Dies wiederholt man durchaus mehrmals hintereinander. Zusätzlich konnte MAIK die Salbe *Nr. 7 Magnesium phosphoricum* auf seinen Bauch in sanft kreisenden Bewegungen auftragen. In der Regel bessern sich die Beschwerden nach 1–2 Stunden deutlich. Dann werden die Abstände erweitert. Ist das akute Geschehen vorbei, so nimmt der Patient von der *Nr. 7 Magnesium phosphoricum D6* 3- bis 6-mal 1 Tablette über den Tag verteilt für mehrere Wochen ein, um den Zustand zu stabilisieren.

Fall 3: Menstruationsbeschwerden

VIELE FRAUEN LEIDEN VOR UND WÄHREND der Menses (Monatsblutung) unter starken Bauchschmerzen. So auch SABINE, eine 22-jährige Erzieherin. Mitunter musste sie sich tagelang vom Hausarzt krankschreiben lassen, weil selbst starke Schmerzmittel ihr nur bedingt halfen. Eines Tages kam sie in meine Ordination und klagte über ihre Beschwerden. Ich empfahl ihr das Schüßler-Salz *Nr. 7 Magnesium phosphoricum D6* als »heiße 7«: 5–10 Tabletten löst man in heißem/warmem

Tee und trinkt das Glas schlückchenweise aus. Manchmal bedarf es eines 2. oder 3. Glases. Lassen die Schmerzen nach, werden die Abstände vergrößert. SABINE war bei der ersten Anwendung des Schüßler-Salzes völlig begeistert. Innerhalb von wenigen Stunden waren ihre Schmerzen ohne Einnahme eines chemischen Schmerzmittels auf ein erträgliches Maß zurückgegangen. An den nächsten 2 Tagen spürte sie nur noch ein leichtes Ziehen im Bauch. Danach war alles wieder verschwunden. Ich empfahl SABINE, 3-mal täglich 1 Tablette der *Nr. 7* bis zu ihrer nächsten Menses zu lutschen. Wer möchte, kann zusätzlich die Salbe *Nr. 7 Magnesium phosphoricum* zur intensivierten Therapie mehrmals am Tag auf den Bauch auftragen. Mit Beginn der Blutung nahm sie wieder *Magnesium phosphoricum D6* als »heiße 7« ein und dieses Mal traten die Schmerzen stark reduziert in Erscheinung. Nach 2 weiteren Menses-Zyklen war SABINE beschwerdefrei und überglücklich. Sie berichtete ihren Freundinnen von den Schüßler-Salzen, welche mit diesen fortan ebenso gute Erfahrungen machen konnten.

NR. 8 NATRIUM CHLORATUM D6

Natriumchlorid NaCl, Chlornatrium,
Natrium muriaticum oder Kochsalz

Es ist der biochemische Wasserregulator!

Vorkommen

IN ALLEN ORGANSTRUKTUREN und Köperflüssigkeiten des menschlichen Körpers findet sich Natriumchlorid. Gerade für die Zellteilung und die Blutbildung ist es äußerst wichtig. Betrachtet man Kochsalz wissenschaftlich, so ist es lebensnotwendig (essenziell) für die Erregung von Nerven und für die Muskelkontraktion im Organismus. Es reguliert ebenso die Wasseraufnahme der Zellen (Kalium-Natrium-Pumpe). Natriumverteilung: Die Hälfte befindet sich außerhalb der Zellen (extrazellulär), ein Drittel in den Knochen und im Knorpelgewebe und der Rest in Magen und Nieren.

Kochsalz, welches wir im Lebensmittelgeschäft kaufen, ist im Gegensatz zum Schüßler-Salz *Nr. 8 Natrium chloratum D6* nicht potenziert. Daher rührt der kleine Preisunterschied!

Zungenbefund

DIE ZUNGE HAT KEINEN BELAG. Manchmal finden sich am Zungenrand kleine schmerzhafte Bläschen, begleitet von einer diskreten Schleimstraße, oder »rote Inseln« auf dem Zungenkörper.

Gesicht

DAS ANTLITZ ERSCHEINT GEDUNSEN, aufgeschwemmt oder schwammig, und die Haut zeigt große offene Poren, welche durch Sonneneinfluss punktförmige Ausschwitzungen aufweisen. Das ganze Gesicht hat einen Gelatine-Glanz, der im Bereich der Lidränder schmierig erscheint. An der Haargrenze, sowie im Kopfhaarbereich kommt es mitunter zu einer starken Abschuppung der Kopfhaut (Haarschinn).

Gemüt

ANGSTZUSTÄNDE, ZUKUNFTS- UND Verlustängste stehen im Vordergrund bei oft traurigen, oft zu Tränen neigenden Menschen, die jedoch Trost ablehnen. Eifersucht. Können nicht vergeben und vergessen. Leben mitunter in der Vergangenheit und hängen negativen Gedanken nach. Sie erkälten sich häufig im Sommer und tendieren zu einer depressiven Verstimmung. Kinder wachsen langsam (Gedeihstörung), lernen spät laufen und sprechen. Sie sind mager, bleich und kauen an den Nägeln.

Modalitäten

MORGENS, GEGEN 11 UHR und 18 Uhr deutliche Verschlimmerung der Beschwerden. Ebenso durch geistige Anstrengung, Sprechen, Hitze und feucht-kühles Wetter. Periodizität im

Frühling beobachtbar. Haben viel Durst und ein starkes Verlangen nach Gesalzenem. Kopfweh von Sonnenaufgang bis Sonnuntergang. Direkte Sonne verschlechtert den Zustand. Trockenes, warmes Wetter oder frische kühle Luft wirkt bessernd, ebenso kaltes Baden. Diskreter Druck auf dem Rücken und bei nüchternem Magen.

Wichtigstes Anwendungsgebiet

Natrium chloratum reguliert den Feuchtigkeitshaushalt von Haut und Schleimhäuten.

BEI WÄSSRIGEN ABSONDERUNGEN UND NÄSSENDEN EKZEMEN!

Weitere Anwendungsgebiete

- Abmagerung
- Erschöpfungszustände
- Appetitlosigkeit
- Bleichsucht und Blutarmut (Anämie)
- Bläschen an den Lippen (Herpes)
- Risse in der Mitte der Unterlippe und an den Mundwinkeln
- Tränen- und Speichelfluss
- Schnupfen mit viel wässriger Absonderung
- Heuschnupfen
- Allergisches Asthma
- Rippenfellentzündung
- Bluthochdruck
- Herzrhythmusstörungen
- Schilddrüsenüberfunktion

- Magen-Darm-Katarrh mit wässrigem Durchfall
- Schlaffe Verstopfung
- Afterfissuren (feine Schleimhauteinrisse am Darmausgang)
- Hautausschläge mit Bläschen, z. B. Gürtelrose
- Nässende Ekzeme
- Akne und Mitesser
- Insektenstiche (große und schmerzhafte)
- Hautpilz
- Warzen
- Neurodermitis und Schuppenflechte
- Brandwunden
- Nagelfalzeiterungen
- Wundsein kleiner Kinder
- Wundliegen (Dekubitus)
- Einrisse an den Brustwarzen
- Milchmangel der Wöchnerinnen
- Kopfschmerzen durch Sonne
- Migräne
- Rheumatische Beschwerden mit teigigen Ergüssen an den Gelenken
- Stille Entzündung (Silent Inflammation)

Anwendungshinweise

WENN SICH UNTER DER D6-POTENZSTUFE nur eine geringe Besserung zeigt, sind höhere Potenzen wirksamer. In der Regel kann man nach 4–6 Wochen zur *D12* (2-mal täglich) und später zur *D30* (alle 3 Tage 1 Tablette) wechseln. Ich konnte damit bisher sehr gute Erfolge erzielen.

Natrium chloratum D6

SCHUPPEN UND HAARAUSFALL

»Gegen den Schinn und gegen das Haarausfallen nützt die äußerliche Anwendung von Natrum muriaticum.«

Dr. Schüßler: *Eine abgekürzte Therapie*, 1898

Anwendungsbeispiele

Fall 1: Schnupfen

DER 18-JÄHRIGE SVEN STECKTE mitten in der Abiturvorbereitung, als ihn plötzlich eine sehr starke Erkältung mit einem fürchterlichen Schnupfen und einem leichten Husten befiel. Die Nase lief ununterbrochen und hinderte ihn am Lernen. Das Nasensekret tropfte ihm auf die Buchseiten, was sehr störend war. Seine Mutter riet ihm in der Not, das Schüßler-Salz *Nr. 8 Natrium chloratum D6* zu nehmen, d. h., alle 5 Minuten 1 Tablette davon zu lutschen. Schon nach 1 Stunde waren die Absonderungen deutlich besser. Die Einnahme der Tabletten erfolgte danach stündlich. Nach einem halben Tag war SVEN seine Beschwerden restlos los und konnte sich wieder dem Lernen widmen. Er war sehr überrascht über die rasche Wirkung des potenzierten Kochsalzes aus der Schüßler-Hausapotheke. Zur Sicherheit nahm er das Schüßler-Salz, 3-mal täglich 1 Tablette, noch für weitere 3 Tage ein, um einem Rückfall vorzubeugen.

Fall 2: Heuschnupfen

SEIT VIELEN JAHREN LITT REINER, ein 52-jähriger Stadtkämmerer, an einem Heuschnupfen, der sich gewöhnlich Ende Januar oder Anfang Februar zeigte. Was hatte er nicht schon alles unternommen: Er wurde schon 2-mal desensibilisiert und aß Bienenhonigwaben. Bei der ersten Desensibilisierung wurde alles viel besser, doch nach 4 Jahren kehrte der Heuschnupfen so heftig wie nie zuvor zurück. Es folgte eine erneute Desensibilisierung ohne großen Effekt. REINER hatte in den Folgejahren sein Antihistaminikum genommen, um über die Runden zu kommen, doch dieses machte ihn für Tage richtig müde und schlapp. Neben den sehr starken Niesattacken hatte er einen leichten Husten, der ihn bei Bewegung kurzatmig machte.

Nun wollte er einen Versuch mit den Schüßler-Salzen wagen. REINER bekam das Schüßler-Salz *Nr. 8 Natrium chloratum D12* verordnet, weil bei ihm der Heuschnupfen schon seit vielen Jahren bestand. Alle 2 Stunden sollte er 1 Tablette lutschen. Innerhalb von 3 Tagen waren die Beschwerden wieder erträglich, sodass REINER wieder seiner Arbeit nachgehen konnte. Die Tabletten machten in keiner Weise müde, was er sehr schätze. Im weiteren Verlauf der Behandlung wurde zur Potenzstufe *D30* gewechselt, was zur völligen Beschwerdefreiheit führte. In den darauffolgenden 2 Jahren nahm REINER nur noch sporadisch *Natrium chloratum D30*. Danach blieben die Heuschnupfensymptome aus. Es gilt abzuwarten.

NR. 9 NATRIUM PHOSPHORICUM D6

Natriummonohydrogenphosphat Na_2HPO_4 x 12 H_2O, phosphorsaures Natrium oder Natriumphosphat

Es ist der biochemische Säure-Basen-Regulator!

Vorkommen

ES KOMMT SOWOHL IN DEN BLUTKÖRPERCHEN, Nerven- und Gehirnzellen als auch in den Muskelzellen vor. SCHÜSSLER war von diesem Mineralsalz sehr begeistert, da er damit wichtige Funktionen des menschlichen Organismus steuern konnte. So beispielsweise den Kohlensäurehaushalt im Blut, um rasch das CO_2, das bei der Sauerstoffverbrennung in jeder Körperzelle anfällt, loszuwerden. Zum anderen auch den Kohlenhydratstoffwechsel bei der Muskelarbeit, um die anfallende Milchsäure auszuleiten. Und schließlich, um in die Fettverseifung nach einem fettreichen Mahl einzugreifen und dergestalt das Völlegefühl zu beseitigen. Darüber hinaus kann *Natrium phosphoricum* anfallende Harnsäure aus dem Purinstoffwechsel über die Nieren verstärkt ausleiten. Purine sind die Bausteine der Nukleinsäuren, aus denen unsere Erbinformation in den Körperzellkernen besteht. Bei der Zerstörung von Zellen, beispielsweise während der Verdauung von Nahrungsmitteln wie Fleisch, Wurst und Innereien, bildet der Körper daraus Harnsäure. Steigt die Harnsäure über ein gewisses Maß an, kann es zu einem Gichtanfall kommen. *Natrium phosphoricum* forciert die Ausleitung der Säuren.

MERKE:
Nr. 9 Natrium phosphoricum D6 **und** ***Nr. 11 Silicea D12*** **sind die wichtigen Zellsalze zur Regulierung des Säure-Basen-Haushaltes!**

Zungenbefund

WEISSE BIS WEISS-GELBE BELÄGE bei feuchter Zunge.

Gesicht

SPECKIGER GLANZ INFOLGE fettiger Hautausschwitzungen über dem ganzen Gesicht, welcher die Brillengläser stark trübt. Schon SCHÜSSLER ließ sich das Monokel seiner Patienten zeigen und verordnete ihnen je nachdem das Zellsalz *Nr. 9*. Das Gesicht hat eine rote Farbe, die als eine entzündliche, fettige oder glänzende Röte in Erscheinung tritt. Der Antlitz-Diagnostiker spricht auch von einer »Säuremaske«. Manchmal finden sich rahmartige oder honiggelbe Hautdrüsenabsonderungen im Gesicht oder auf der Kopfhaut (Säuglinge). Bei Adipösen treten ausgeprägte Fettbacken auf. Fettige Haare. Verwirrter Gesichtsausdruck.

Gemüt

GEREIZTE, NERVÖSE MENSCHEN, die sich ständig über alles ärgern. Fühlen sich leicht überfordert und kommen schnell an ihre Grenzen. Scheu und introvertiert. Neigen zum übermäßigen Alkoholkonsum. Lebemänner. Schwaches Kurzzeitgedächtnis. Verliert oft die Orientierung, vergisst Namen und Straßen. Möchte gerne allein sein.

Modalitäten

WÄRME UND WARME ANWENDUNGEN sowie warme Kleidung bessern den Zustand. Wetterwechsel, Gewitter, feuchtkaltes Wetter, kalte Abwaschungen und Bewegung verschlechtern. Ebenso schwere, fettige Kost und süße Speisen und Getränke, auch Alkohol. Überempfindlich gegen Schmerzen bei Gewitter.

Wichtigstes Anwendungsgebiet

Übersäuerung und Verdauungsbeschwerden (Blähbauch)

ZUR AUSLEITUNG VON SÄUREN JEDER ART!

Weitere Anwendungsgebiete

- Akute und chronische Entzündungen in allen denkbaren Körperregionen
- Wiederkehrende Bindehautentzündung
- Sehschwäche (Netzhautdegeneration)
- HNO-Erkrankungen
- Sodbrennen
- Saures Erbrechen
- Magenschleimhautentzündung
- Koliken
- Gärstühle
- Bluthochdruck
- Gefäßablagerungen
- Durchblutungsstörungen

- Hexenschuss
- Ischiasbeschwerden
- Akne und entzündete Haut
- Eitrige Wunden mit Bläschen und Pusteln
- Mitesser (Talgpfropfen)
- Schwellung der Lymphdrüsen in Nacken-, Achsel-, Brust- und Leistenregion
- Schweißfüße
- Lebererkrankung und Gelbsucht
- Gallensteine
- Blasenentzündung
- Harnsteine in Nieren und Blase
- Diabetes mellitus (Zuckererkrankung)
- Gelenkschmerzen mit Einsteifung
- Rheuma und Gichtschmerzen
- Würmer und andere Parasiten

Anwendungshinweise

DURCH EINE GESUNDE ERNÄHRUNG mit viel frischem Gemüse und Obst (Verhältnis: Gemüse 4 Teile, Obst 1 Teil) bringen Sie einen gestörten Säure-Basen-Haushalt wieder in sein Gleichgewicht. Mitunter können Salbenauflagen auf die betroffenen Regionen den Heilungsprozess positiv beeinflussen.

Anwendungsbeispiel

Fall: Wiederkehrende Bauchschmerzen

RAGNHILD (58) WAR SOZIALARBEITERIN und viel im Alltag zu ihren Klienten unterwegs. Da gab es oftmals nur ein Brötchen zwischendurch, denn es blieb keine Zeit, um richtig zu

Mittag zu essen. Abends war sie erschöpft und wenn sie dann auf der Couch saß, bekam sie einen unstillbaren Hunger. Es konnte oft passieren, dass sie alles Mögliche in sich reinstopfte (Pizza, Nudeln, selbstgebackenes Brot mit deftigen Aufstrichen) und dann mit einem starken Blähbauch ins Bett ging und stundenlang nicht einschlafen konnte. Seit den Wechseljahren war alles viel schlimmer geworden. Mehrfach wurde ihr schon der Darm gespiegelt, jedoch ohne erkennbaren Grund ihrer Beschwerden.

Betrachtete man ihr Gesicht, so fiel eine fettige Haut mit vielen Pickeln auf. In der Gesamtschau fiel die Wahl auf das Schüßler-Salz *Nr. 9 Natrium phosphoricum D6*, von dem sie anfangs je 1 Tablette bis zu 6-mal am Tag einnehmen soll. Schon nach 4 Wochen berichtete RAGNHILD, eine wesentliche Besserung zu verspüren. Nach einem Vierteljahr hatte sie abends ihre Heißhungerattacken besiegt, 10 Kilo an Gewicht verloren und auch ihr Hautbild hatte sich deutlich verbessert. Es kamen keine neuen Pickel mehr nach und alle entzündeten Hautstellen waren abgeheilt. Worüber RAGNHILD sich jedoch am meisten freute, waren die nicht mehr vorhandenen Bauchschmerzen. Sollten sich diese in der Zukunft wieder zeigen, wird RAGNHILD das Schüßler-Salz *Nr. 9* zum Einsatz bringen.

Natrium phosphoricum D6

BLASENENTZÜNDUNG

»In erster Linie kommt Natrum phosphoricum in Betracht. Dem chronischen Blasenkatarrh entspricht meistenfalls Silicea.«

Dr. Schüßler: *Eine abgekürzte Therapie*, 1898

NR. 10 NATRIUM SULFURICUM D6

Schwefelsaures Natrium $Na_2SO_4 \times 10\ H_2O$, schwefelsaures Natron, Natriumsulfat, Glaubersalz oder Sal miraculum

Es ist das biochemische Entschlackungsmittel!

Vorkommen

MAN SCHRIEB DAS JAHR 1625, als der deutsche Apotheker, Chemiker und Alchemist JOHANN RUDOLPH GLAUBER (1604–1670) das später nach ihm benannte Mineralsalz entdeckte. Vor allem im Karlsbader Salz kommt es reichlich vor. Karlsbad liegt in der heutigen Tschechei und ist ein weltweit anerkanntes Heilbad. Im menschlichen Organismus findet man es eher im Bindegewebe als in den Körperzellen. Zauberer und Alchemisten im Mittelalter experimentierten mit dieser Substanz und gaben ihr den Namen »Sal miraculum« (Zaubersalz), da Natriumsulfat eine reinigende Darmentleerung auslösen konnte, was durchaus eine gesundheitliche Verbesserung für einen kranken Organismus bedeutete. Damals als »Wunder« bezeichnet.

Selbst heute wird dieser Effekt im Rahmen von Fastenkuren genutzt, um Stoffwechselendprodukte rasch via Darm auszuleiten. Natriumsulfat regt den Gallefluss an und aktiviert darüber hinaus auch die Fettverdauung. Manches ungewollte Kilo an Gewicht wird damit zum Wegschmelzen gebracht.

Zungenbefund

SCHMUTZIG AUSSEHENDER brauner Zungenbelag, welcher teils ins Braun-Grünliche übergeht. Oftmals ist ein bitterer Geschmack vorhanden.

Gesicht

EINE ENTZÜNDLICHE RÖTE bei einem gelblichen Grundton zieht sich über das ganze Gesicht. Diese erscheint matt und glanzlos.

Auffallend ist eine mitunter tiefrote Nase, welche sich bis ins Violette, Bläuliche im Bereich der Nasenspitze verfärben kann. Wird im Alltag gerne auch als »Säufernase« bezeichnet. Von der Nase zieht sich ein bläulich-rotes Areal zu den Wangen. Im akuten Zustand erscheint es sehr leuchtend, wohingegen im chronisch-degenerativen Zustand alles viel abgeschwächter in Erscheinung tritt. An den Ohrrändern kann sich auch eine Froströte, häufige Folge einer zu starken Kälteeinwirkung, zeigen.

Gemüt

GLEICHGÜLTIGE, NIEDERGESCHLAGENE, melancholische, aber oft reizbare Gemüter, die sehr von diesem Mineralsalz profitieren. Unfähig zu denken. Lebhafte Musik macht diese Menschen traurig. Wollen nicht sprechen oder angesprochen werden.

Modalitäten

FRIEREN VIEL UND WERDEN IM BETT häufig nicht richtig warm. Deutliche Verschlimmerung am Morgen, bei feuchtem, nebeligem Wetter, bei Wetterwechsel von warm nach kalt sowie in feuchter Umgebung (z. B. Souterrainwohnung). Bewegung, Druck, Lagewechsel und trockene Wärme bessern den Zustand. Periodizität der Beschwerden beobachtbar. Abneigung gegen Fisch und Fischgeruch.

Wichtigstes Anwendungsgebiet

!

Fördert sämtliche Ausscheidungsprozesse im Organismus, auch Wasser in jeder Form.

ZUR AUSLEITUNG VON STOFFWECHSEL-ENDPRODUKTEN AUS DER ZELLE!

Weitere Anwendungsgebiete

- Kopfschmerzen und Folgen von Kopfverletzungen
- Lichtscheu
- Schnupfen und grippaler Infekt
- Ohrenschmerzen mit heftigen Stichen
- Bronchitis
- Heiserkeit
- Weiß-graue Schleimabsonderungen aus Nase, Ohren und Mund
- Lactoseintoleranz
- Fructoseintoleranz
- Histaminintoleranz
- Verstopfung
- Durchfall

- Funktionelle Darmbeschwerden
- Ödeme (Wassereinlagerungen) an verschiedenen Körperstellen
- Nierengrieß
- Nervenschmerzen
- Chronische Gicht
- Chronische Leberentzündung
- Dumpfe Schmerzen im Bereich der Eierstöcke, als ob Menses »beginne«
- Chronische Hautausschläge, »Wundrose«
- Aufbrechen alter Wunden
- Unterschenkelgeschwüre
- Nässende Flechten
- Hautpilz
- Rheuma
- Frostbeulen (Salbenläppchen)
- Hühneraugen
- Folgen von Fehlernährung / Diätfehler
- Alkoholmissbrauch
- Nikotinmissbrauch
- Bei allen chronischen Leiden hilfreich

Anwendungshinweise

WICHTIGES MITTEL BEI CHRONISCH offenen Geschwüren, z. B. bei Unterschenkelgeschwüren oder nicht heilenden Wunden. Anfangs stündliche Gaben 1 Tablette für Tage oder Wochen, bis eine deutliche Verbesserung erzielt wurde. Zur Leberentlastung 2- bis 3-mal wöchentlich Leberwickel. Dazu wird Salbe *Nr. 10 Natrium sulfuricum* im Bereich des rechten Rippenbogens (Lebergebiet) messerrückendick aufgetragen und mit einem trockenen Tuch abgedeckt. Gegebenenfalls eine Wärmflasche auflegen.

Natrium sulfuricum D6

DIABETES MELLITUS

»Das Heilmittel dieser Krankheit ist Natrum sulphiricum.«

Dr. Schüßler: *Eine abgekürzte Therapie*, 1898

Anwendungsbeispiel

Chronisches, nicht heilendes Unterschenkelgeschwür

DIE FRÜHBERENTETE TAXIFAHRERIN MARIANNE litt seit über 5 Jahren an einem Unterschenkelgeschwür, das immer wieder aufbrach. In den letzten 6 Monaten wollte es partout nicht abheilen. Es hatte einen Durchmesser von 7 Zentimetern. Alle 6–10 Tage wurde sie zum Chirurgen gefahren, damit dieser die Wunde anfrischte (Abtragung von abgestorbenem Gewebe). Aufgrund dieser Umstände wurde sie – mit ihren 54 Jahren – von ihrem Arbeitgeber in den vorgezogenen Ruhestand geschickt. MARIANNE rauchte seit ihrem 14. Lebensjahr Kette und hatte einen BMI von 32,1 – was einem starken Übergewicht gleichkommt. Bei 173 cm sind die 98 kg einfach zu viel. Ihr Hausarzt sprach von Adipositas Grad 1 und ermahnte sie dringend, ihr Gewicht zu reduzieren. Doch das versuchte MARIANNE schon seit vielen Jahren, ohne einen durchschlagenden Erfolg zu haben. Nun wollte sie einen biochemischen Therapieansatz wagen. Neben einer vollwertreichen Kost wurde ihr das Schüßler-Salz *Nr. 10 Natrium sulfuricum D6* verordnet. Sie sollte davon 6 Tabletten über den Tag verteilt lutschen.

Schon nach 3 Wochen kam es zu einer deutlichen Verbesserung der Gesamtsituation. Die Wunde heilte langsam von außen nach innen zu und MARIANNE hatte 5 Kilo Gewicht abgenommen. Nach 8 Wochen war ein zartrosa Häutchen über der Wunde zu erkennen, sodass diese seit Monaten erstmalig geschlossen war. Wir wechselten die Potenz und MARIANNE bekam die *Nr. 10 Natrium sulfuricum D12* verordnet. Diese nahm sie nur noch morgens und abends, und zwar je 1 Tablette. Nach weiteren 12 Wochen war alles restlos verheilt. MARIANNE ging täglich spazieren. Ihr Körpergewicht lag bei 80 kg und der BMI bei 26,7 – was einem altersbezogenen Normalgewicht entspricht. Sie war von unserer Therapie restlos begeistert.

NR. 11 SILICEA D12

Kieselsäureanhydrid $SiO_2 \times H_2O$, Kieselsäure, Quarz oder Sand

Es ist das biochemische Bindegewebe- oder Eitermittel!

Wärme bessert

Vorkommen

DIE KIESELSÄURE FINDET SICH NICHT NUR in den Haaren, in den Nägeln, in der Oberhaut und in den Schleimhäuten, sondern auch und bevorzugt im Bindegewebe, in der Lunge und in den Lymphdrüsen, in den Knochen sowie in den Nebennieren. Dieses Mineralsalz verleiht den Organstrukturen eine Stabilität mit Festigkeit und Widerstandsfähigkeit. Sinkt der Kieselsäuregehalt im Gewebe ab, so resultieren ein Erschöpfungszustand und ein frühzeitiges Altern mit vielen Hautfalten oder es zeigen sich Zeichen einer Unterernährung. Die Kieselsäure ist in der Lage, unsere Makrophagen, auch Fresszellen genannt, zu aktivieren, und spielt somit bei der Infektabwehr eine bedeutende Rolle. Schon im Sandkasten kommen Kinder mit dieser Substanz in Kontakt. Unsere Fensterscheiben werden daraus hergestellt, ebenso ein kleiner Chip, der in unseren Computern die Denkarbeit übernimmt. Dies alles sind verschiedene Formen der Kieselsäure. Geht im Alltag ein Glas zu Bruch, entstehen daraus Scherben. Und an denen kann man sich schneiden. Übertragen wir diesen Gedanken auf die Schüßler-Therapie, so ist *Silicea D12* unser »biochemisches Messer«.

Zungenbefund

ES ZEIGT SICH EIN BRÄUNLICHER schleimiger Belag und nicht selten finden sich Geschwüre am Zungenrand. Die Zunge ist trocken und rissig.

Gesicht

DIE DURCHSCHEINENDE, GLASIG-GLÄNZENDE Haut wirkt wie Seidenpapier. Im Bereich der äußeren Augenwinkel treten zahlreiche kleine verästelte Hautfalten hervor, die als »Krähenfüße« bezeichnet werden. Im chronischen Zustand kommt es am Oberlid zu einer Höhlung und das Augenlid liegt wie Papier über dem Augapfel. Eine Röte wie unter Glas erscheint am Nasensattel, wenngleich sich ein glasiger Glanz von der Nasenspitze zu den Ohren hinzieht. Ausgeprägte Längsfalten vor den Ohren sind typisch. Merke: Die Silicea-Salbe ist das Biokosmetikum zur Straffung der Falten!

Gemüt

ANGST VOR SPITZEN GEGENSTÄNDEN. Mutlos, nervös, empfindlich, nachgiebig, leicht erregbar, sensibel, aber hartnäckig und eigensinnig. Viele sehr intelligente Kinder mit diesen Charaktereigenschaften benötigen Silicea.

Modalitäten

SEHR FROSTIGER ZUSTAND. Kälte in jeder Form verschlimmert. Zugluft und kalter Wind sind unerträglich. Wetterwechsel von warm nach kalt verschlechtert, ebenso Neumond. Gegen Abend und in Bewegung wird alles schlimmer. Wärme an Kopf und Füßen bessert. Sommer und warmes Wetter bessern. Selbst im Hochsommer tragen Silicea-Menschen warme Kleidung und legen sich einen Schal oder ein Tuch um den Hals. Verträgt keinen Alkohol. Beschleunigt das Ausstoßen von Fremdkörpern (z. B. Dornen) aus dem Gewebe.

MERKE:
Nr. 1 **für elastische Fasern,** ***Nr. 6*** **für Kollagenfasern,** ***Nr. 11*** **fürs Bindegewebe.**

Wichtigstes Anwendungsgebiet

Akute und chronische Eiterungen jeder Art, die durch Wärme besser werden.

STÄRKT DAS IMMUNSYSTEM UND LÄSST EITRIGE PROZESSE ABKLINGEN!

Weitere Anwendungsgebiete

- Alle entzündlichen Prozesse mit Eiterbildung
- Angina und Rachenabszesse
- Gerstenkörner
- Jede eiternde Wunde
- Schlaflosigkeit älterer Menschen
- Drüsenentzündungen
- Kopf ist sehr kälteempfindlich (warmes Einhüllen bessert)
- Nackenkopfschmerzen mit Knirschen bei Kopfdrehung
- Tränenkanalverklebung
- Fistelbildungen aller Art
- Furunkel
- Karbunkel

- Zahnfleischeiterungen, entzündete Zahnfleischtaschen
- Zahnabszesse mit Karies
- Übelriechender Hand-, Fuß- und Achselschweiß
- Hautjucken
- Haarausfall bis zur Kahlköpfigkeit
- Folge von unterdrücktem Fußschweiß (z. B. durch Öle, was zu einem Schlaganfall führen kann)
- Erhöhte Harnsäure
- Krampfadern
- Gefäßverkalkung
- Hämorrhoiden
- Aftereinrisse
- Verstopfung
- Brüchige oder verkrüppelte Finger- und Zehennägel
- Verhärtete Narben
- Wachstumsverzögerung
- Schwächliche Kinder
- Folge von Impfungen

Anwendungshinweise

ALLEINE ODER ZUSAMMEN mit der *Nr. 9 Natrium phosphoricum D6* ist die *Nr. 11 Silicea D12* sehr wirkungsvoll, um Säuren aus dem Körper auszuscheiden. Gibt faltiger Haut ihre natürliche Spannkraft zurück. (Monatelange Ausdauer wird oftmals belohnt.) Sehr erfolgreich auch, um harte, derbe Narben zum »Erweichen« zu bringen. Wechselgaben mit der *Nr. 1 Calcium fluoratum D12*, sowohl in Tabletten- als auch in Salbenform, sind sehr empfehlenswert. Potenzwechsel nach 6 Wochen von *D12* zu *D30* sinnvoll. Von der Stufe *D30* gibt man nur alle 3 Tage 1 Tablette.

Anwendungsbeispiel

Wiederkehrende Ohrenentzündungen

HANNA, EINE MUTTER VON 4 KINDERN, fror ständig. Immer wieder hatte sie vereiterte Ohrenentzündungen. Als Kind wurde sie schon einmal am Ohr operiert, weil es zu einem Erguss hinter dem Trommelfell gekommen war. Auffallend waren stets vergrößerte Lymphknoten im Kieferwinkel, die oftmals auch schmerzten. So ging das seit frühester Kindheit. Eine gute Freundin empfahl ihr, eine Therapie mit den Schüßler-Salzen zu machen. HANNA bekam das Schüßler-Salz *Nr. 11 Silicea D12* verordnet, 2-mal täglich 1 Tablette. Nach 6 Wochen berichtete sie von einer deutlichen Veränderung. Nach 3 Wochen bildeten sich die Lymphknoten restlos zurück und schmerzten auch nicht mehr. Sie hatte während der Behandlung mit *Silicea* keine Ohrenschmerzen mehr gehabt, obgleich starke Herbststürme übers Land zogen. Auffallend war, dass HANNA nicht mehr so heftig fror. Nach einer Behandlungszeit von 12 Wochen wurde *Silicea* auf eine *D30*-Potenzierung umgestellt. Diese sollte HANNA für 9 Wochen 1-mal in der Woche einnehmen. Nachbeobachtung für 3 Jahre. HANNA hatte seither keine Ohrenschmerzen mehr gehabt und fühlt sich wohl. Es bleibt abzuwarten.

Silicea D12

HAUTVERLETZUNG

»Ist in vernachlässigten Fällen eine Eiterung entstanden, so passt Silicea.«

Dr. Schüßler: *Eine abgekürzte Therapie*, 1898

NR. 12 CALCIUM SULFURICUM D6

Schwefelsaurer Kalk $CaSO_4 \times 2\ H_2O$, Calciumsulfat, Calcarea sulphurica, Gipsspat, Alabaster oder Gips

Es ist das biochemische Eitermittel!

Kälte bessert

Vorkommen

DIESE MINERALVERBINDUNG KOMMT in der Leber und im Gallensaft vor. Nach Professor GUSTAV VON BUNGE (1844–1920), einem deutsch-baltischen Physiologen und Universitätsprofessor in Basel, kommt diese Verbindung nicht in allen Zellen vor, sondern nur in der Galle, was dazu führte, dass SCHÜSSLER dieses Mineralsalz 1887 aus seinem System der potenzierten Mineralsalze herausnahm. Inzwischen haben kluge Köpfe den potenzierten Gips wieder in das Schüßler-Salz-System auf der letzten Position eingefügt. Dieser historische Hinweis sei gestattet, denn die übrigen Salze sind alle alphabetisch durchnummeriert.

Zungenbefund

AN DER ZUNGENBASIS (hinterer Zungenabschnitt) zeigt sich ein gelber, lehmfarbiger Belag. Geschwürige Zungenränder sind oft sehr schmerzhaft.

Gesicht

ALTERS- UND LEBERFLECKEN zeigen sich an verschiedenen Stellen auf gelblich-bräunlichen, teils wächsern schimmernden Arealen im Antlitz.

Gemüt

PESSIMISTISCHE MENSCHEN, die glauben, es werde etwas Ungutes oder Schlechtes geschehen. Stur, eigensinnig, unglücklich, unzufrieden, starke Stimmungsschwankungen, nachtragend, kann nicht verzeihen, eifersüchtig. Abneigung gegen körperliche und geistige Arbeit. Angst um die eigene Gesundheit, vor Unglück, vor Dunkelheit und Tod. Dicke Menschen mit schlaffer Muskulatur.

Modalitäten

WÄRMEUNVERTRÄGLICHKEIT, AUCH BETTWÄRME. Wärme macht schlapp, matt und müde. Schnelles Gehen und Stehen verschlechtern den Zustand. Zwischen 6 und 9 sowie 12 und 15 Uhr großes Unwohlsein und Schwäche. Patienten legen sich dann auch hin. Durch Kälte, kalte Luft, Durchzug, Abkühlung und lokale Eisanwendung besser, ebenso im Freien. Verlangen nach kalten Getränken.

MERKE: Rheumatische Beschwerden, die durch Behandlung in Kältekammern besser werden, können mit diesem Mineralsalz erfolgreich mitbehandelt werden.

Wichtigstes Anwendungsgebiet

Akute und chronische Entzündungen, die durch Kälte oder kalte Anwendungen besser werden. Erkältungsneigung.

WICHTIG BEI RHEUMATISCHEN ERKRANKUNGEN!

Weitere Anwendungsgebiete

- Gedächtnisschwäche
- Schlaflosigkeit
- Schwindel
- Harte Drüsenschwellung (ärztliche Abklärung nötig!)
- Abszesse
- Furunkel
- Karbunkel
- Chronisch eitrige Nasenneben- und Kieferhöhlenentzündungen mit festsitzendem, teils übelriechendem, teils blutigem gelbem Schleim
- Eitrige Mandelentzündung
- Bronchitis oder Bronchialkatarrh
- Blasen- und Nierenentzündungen
- Rheumatische Beschwerden
- Afterfistel
- Psoriasis
- Wiederkehrende Herpesinfektionen
- Übelriechender Fußschweiß
- Myome und Polypen

Anwendungshinweise

ENTZÜNDUNGEN MIT EITERBILDUNG, die durch kalte Anwendungen besser werden.

CAVE:
Nur bei Besserung durch Wärme und warme Anwendungen ist *Nr. 11 Silicea D12* das richtige Mittel. Bei Rheuma besser durch Eisanwendungen.
Salbenanwendung bei festsitzenden Borken in der Nase.
Bei Afterfistel besser durch kühle Bäder; Salbe in den Enddarm einspritzen.

CAVE:
Bei Eiterungen nur anwenden, wenn eine natürliche Abflussmöglichkeit gegeben ist. Ansonsten *Nr. 11 Silicea D12* verabreichen.

Calcium sulfuricum D6

Da Calcium sulfuricum nicht in jedem Organismus nachgewiesen werden konnte, entfernte es Dr. Schüßler aus seinem System von 12 Mineralsalzen.

Anwendungsbeispiel

Chronische Nasennebenhöhlenentzündung (Sinusitis)

SEIT 12 JAHREN ARBEITETE ROLF als Paketbote für ein renommiertes Transportunternehmen. Gleich im 2. Jahr musste er einen operativen Eingriff an seinen Nasennebenhöhlen vornehmen lassen, weil diese ständig vereitert waren. Der ständige Wechsel zwischen dem warmen Fahrzeug und der kalten Außentemperatur im Winter hatte bei ROLF zu dieser Chronifizierung geführt. Im Sommer war genau das Gegenteil der Fall. Im Fahrzeug lief die Klimaanlage auf Hochtouren, weil ROLF warme Fahrerkabinen überhaupt nicht mag. Und die ständigen Antibiotikagaben brachten letzten Endes außer einer starken Durchfallerkrankung nichts. Nach der Operation hatte ROLF 2 Jahre keine Beschwerden. Dann ging peu à peu alles wieder von vorne los. Immer wieder hatte er Kochsalzspülungen durchgeführt, doch so richtig abgeklungen waren die Beschwerden nie. Als er durch einen Kollegen von den Schüßler-Salzen erfuhr, wagte er einen Versuch. Und als er die Mittelbeschreibung las, dachte er sich: »Das passt ganz genau zu meinen Beschwerden!« In Eigentherapie nahm er 3-mal täglich 1 Tablette *Nr. 12 Calcium sulfuricum D6* vor dem Essen zu sich. Nach 6 Wochen hatte er eine wunderbar freie Nase. Er konnte es kaum glauben. Nach all den Jahren der Quälerei wurde er durch »seine Therapie« gesund. Damit alles gründlich abheilen sollte, nahm ROLF nach 8 Wochen die *Nr. 12 Calcium sulfuricum D12* ein, und zwar täglich 2 Tabletten davon. Mittlerweile sind 4 Jahre vergangen und ROLF ist bis dato gesund geblieben.

DIE 15 ERWEITERUNGSMITTEL

NR. 13 KALIUM ARSENICOSUM D6

Kaliumarsenit oder $KAsO_2$

Das Mineralsalz zur Stärkung.

Kalium arsenicosum stärkt bei Schwäche, im Alter und kann auch zur Stärkung des Immunsystems eingesetzt werden. Parallel ist es ein wichtiges Mittel für Haut und Schleimhaut.

Vorkommen

IM KÖRPER KOMMT KALIUMARSENIT nur in sehr geringen Mengen vor. Es wird vorwiegend in der Haut, den Haaren und den Nägeln eingelagert. Ebenso finden sich Spuren in den Nieren und der Leber. Bis heute wurde keine lebenswichtige Körperfunktion gefunden, für die Kaliumarsenit zwingend notwendig ist.

Zungenbefund

DER SICHTBEFUND DER ZUNGE liefert keine Hinweise auf Kalium arsenicosum. Es sind keine Auffälligkeiten erkennbar. Vielmehr deuten Taubheitsgefühle der Zunge oder Zungenbrennen auf dieses Erweiterungsmittel hin. Um eine Grunderkrankung jedoch auszuschließen, sollten diese Missempfindungen der Zunge vor der Einnahme von *Kalium arsenicosum* ärztlich untersucht werden.

Gesicht

DAS WICHTIGSTE ZEICHEN für eine Anwendung von Kalium arsenicosum sind senkrechte, tiefe Furchen im Lippenrot der Unterlippe. Häufig zeigen sich dunkelblaue Augenringe mit wässrigen Schwellungen der unteren Lider. Vereinzelt kann auch ein starker Tränenfluss auf *Kalium arsenicosum* hinweisen. Bei genauer Betrachtung des Gesichts fallen zudem leicht eingefallene Wangen auf. Sie wirken wie ausgehöhlt und sind mit Grübchen vergleichbar. Je mehr Antlitz-Zeichen vorhanden sind, umso wichtiger ist die Einnahme von *Kalium arsenicosum.*

Gemüt

ES HANDELT SICH UM NIEDERGESCHLAGENE und empfindliche Menschen, die tagsüber müde sind und dennoch nachts schlecht schlafen können. Sehr häufig sind Ängste, die sich in verschiedenster Ausprägung zeigen können. Zögerliches Verhalten deutet auf ein mangelndes Selbstvertrauen hin. Der daraus resultierende Wunsch nach Sicherheit, manifestiert sich jedoch oft in Kontrollzwang oder Passivität.

Modalitäten

CHARAKTERISTISCH IST ein periodischer Verlauf der Beschwerden. Auf eine Phase der Verstärkung folgt ein Zeitraum der Linderung. Diese kann kurzfristig im Tagesverlauf oder auch nach einem längeren Zeitraum (mehreren Wochen) auftreten. Eine Zunahme der Beschwerden gegen Abend und in der Nacht ist sehr häufig. Wetterwechsel (fallender Luftdruck) verstärkt die Beschwerden. Eine Besserung zeigt sich dagegen bei trockener Wärme und Ruhe. Verdauungsstörungen bessern sich durch Aufstoßen oder Fasten.

VERBESSERUNG: Durch Aufstoßen, durch trockene Wärme

VERSCHLECHTERUNG: Gegen Abend und in der Nacht, Wetterwechsel

Wichtigstes Anwendungsgebiet

Das Erweiterungsmittel *Kalium arsenicosum* ist ein wichtiges Mittel zur Behandlung von körperlichen und geistigen **Schwächezuständen.** Besonders häufig wird dieses Mittel bei Senioren eingesetzt.

Weitere Anwendungsgebiete

- Abmagerung, Auszehrung, Erschöpfung oder Muskelschwäche
- Ekzeme und Ausschläge, die durch Trockenheit, Schuppen und Juckreiz gekennzeichnet sind.
- Herzschwäche, die sich in körperlicher Schwäche zeigt.
- Herzneurosen (vegetative Reaktionen ohne organische Ursachen, die sich bis zu Panikattacken steigern können)
- Wechseljahresbeschwerden
- Menstruationsbeschwerden
- Unerfüllter Kinderwunsch
- Zungenbrennen
- Sodbrennen
- Hauterkrankungen (trockene Ausschläge mit Juckreiz)
- Lippenherpes
- Schuppenflechte
- Entzündungen der Darmschleimhaut
- Durchfall und Erbrechen

Anwendungshinweise

BEI AKUTEN UND PLÖTZLICH AUFTRETENDEN Beschwerden wird alle 5 Minuten 1 Tablette eingenommen, bis sich eine Besserung einstellt. Danach werden die Abstände vergrößert und nach Abklingen der Beschwerden wird das Mittel abgesetzt.

Symptome im Bereich des Nervensystems (Kopf- und Nervenschmerzen) werden mit einer Dosierung von 3 bis 10 x 1 Tablette behandelt. Tritt eine Besserung auf, so geht man tgl. um 1 Tablette zurück, bis keine Schmerzen mehr da sind.

Bei chronischen und langanhaltenden Beschwerden erfolgt die Einnahme von 1–3 Tabletten bis zu 3-mal täglich. Der Einnahmezeitraum beträgt maximal 6 Wochen. Tritt innerhalb dieser Zeitspanne keine Besserung auf, sollte die Potenzierung gewechselt oder ein anderes Schüßler-Salz gewählt werden. Längere Einnahmen von *Kalium arsenicosum*, die über 6 Wochen hinausgehen, sind unüblich.

Kommt es durch dieses Erweiterungsmittel jedoch zu einer deutlichen Besserung, wird nach 6 Wochen von der Potenz *D6* zur nächsten Potenzstufe *D12* gewechselt. Danach kann das Mittel für weitere 6 Wochen eingenommen werden. Maximal werden am Tag 10 Tabletten eingenommen. Eine Erhöhung der Tagesdosis sollte vermieden werden. Kinder nehmen die Hälfte der Erwachsenendosis ein.

Kalium arsenicosum gibt es in den Potenzierungen *D6* und *D12*. Zu Beginn der Einnahme wird die Potenz *D6* gewählt und im weiteren Verlauf gegebenenfalls zur *D12* gewechselt.

Nr. 13 Kalium arsenicosum

Bei chronischen Hautleiden aller Art.

13

Anwendungsbeispiel

Erschöpfung

DER 44-JÄHRIGE STEFAN war Gymnasiallehrer und wurde seit einigen Monaten zusehends müder und kraftloser. Nach unruhigen Nächten war er am Morgen nicht ausgeschlafen, schleppte sich durch den Tag und fiel abends vor Erschöpfung ins Bett. Selbst in den Ferien gelang es ihm nicht, sich zu erholen und neue Kräfte zu tanken.

Er begann mit der Einnahme von *Kalium arsenicosum D6* kurz nach dem Mittagessen und nahm danach stündlich 1 Tablette ein. Bis zum Schlafengehen erreichte er somit eine Dosis zwischen 8 und 10 Tabletten pro Tag. Bereits nach 3 Wochen der Einnahme konnte STEFAN in der Nacht besser schlafen und war am Morgen ausgeruhter. Nach 6 Wochen spürte er deutlich, wie er sich fit und leistungsfähig fühlte. Er wechselte zur Potenz *D12* und nahm nur noch am Abend 1 Tablette *Kalium arsenicosum D12* für weitere 6 Wochen ein. Begeistert über die Wirkung dieses Erweiterungsmittels, empfiehlt er es nun auch seinen Kolleginnen und Kollegen weiter.

NR. 14 KALIUM BROMATUM D6

Kaliumbromit oder KBr

Das Mineralsalz zur Beruhigung.

Kalium bromatum ist ein Mineralsalz, dem eine schnelle Wirkung zugesprochen wird. Zudem verstärkt es die entspannende und entkrampfende Wirkung von Nr. 7 Magnesium phosphoricum D6.

Vorkommen

BROM BEFINDET SICH im menschlichen Körper hauptsächlich in der Magenwand, der Hypophyse, der Schilddrüse und in den Nebennieren. Neuere Erkenntnisse zeigen, dass es sich bei Brom wohl um ein essenzielles Spurenelement handelt. Für die Herstellung von Kollagen als Bestandteil des Bindegewebes ist ein geringer Anteil Brom notwendig.

Zungenbefund

DIE ZUNGE IST WEISS BELEGT und ein stinkender Mundgeruch ist wahrnehmbar. Es besteht ein starker Speichelfluss.

Gesicht

BEI DER BETRACHTUNG DES GESICHTS fallen betonte und hervorstehende Augäpfel auf. Ist dieses Merkmal sehr stark ausgeprägt, besteht zwischen Iris und Augenlid sogar ein weißer Bereich.

Gemüt

ERWACHSENE, DIE GUT auf *Kalium bromatum* reagieren, sind nervös und weisen eine depressive Grundstimmung auf. Häufig verspüren sie sogar Angstzustände und reagieren darauf mit motorischer Unruhe. Kinder sind ängstlich, schreckhaft und haben einen sehr unruhigen Schlaf.

Modalitäten

DIE BESCHWERDEN VERSCHLECHTERN sich bei wechselnder Wetterlage. Besonders heiße Temperaturen machen den Patienten zu schaffen. Zudem erleben viele in der Nacht eine Verstärkung des Beschwerdebildes. Eine Verbesserung zeigt sich vor allem am Tage, wenn der Patient in Bewegung ist und durch Beschäftigung abgelenkt wird.

VERBESSERUNG: Bewegung, Beschäftigung, am Tag
VERSCHLECHTERUNG: Wetterwechsel, Hitze, in der Nacht

Wichtigstes Anwendungsgebiet

Kalium bromatum wird hauptsächlich zur **Beruhigung** eingesetzt. Es hat eine starke Wirkung auf das Nervensystem, ist dämpfend und entkrampfend.

Die dämpfende Wirkung wird auch bei Patienten mit einer **Schilddrüsenüberfunktion** (Hyperthyreose) genutzt. Hier wirkt es einer motorischen Unruhe und **Nervosität** entgegen. Zur unterstützenden Behandlung bei einer Schilddrüsenüberfunktion wird dieses Mineralsalz am besten mit *Nr. 15 Kalium jodatum* kombiniert.

Weitere Anwendungsgebiete

- Schlafstörungen
- Nervöse Zuckungen (in Kombination mit *Nr. 7 Magnesium phosphoricum D6*)
- Verspannungen
- Depressive Zustände
- Schilddrüsenüberfunktion mit Kropfbildung (Struma)
- Kopfschmerzen (wenn sich der Schmerz hinter den Augen befindet)
- Stottern
- Restless-Legs-Syndrom
- Taubheitsgefühle (Einschlafen von Händen oder Füßen, »Ameisenlaufen«)
- Bluthochdruck
- Magen-Darm-Krämpfe
- Reizdarm-Syndrom
- Akne

Anwendungshinweise

NACH DER EINNAHME VON *Kalium bromatum* tritt häufig Akne oder eine andere Form von Hautausschlägen auf. Dies ist als sehr positives Zeichen zu werten. Die Einnahme sollte in diesem Fall nicht abgesetzt, sondern beständig weitergeführt werden. Verzicht oder deutliche Reduzierung von Kochsalz während der Einnahme von *Kalium bromatum* verbessert seine Wirkung. Dadurch ist mit einem schnelleren Behandlungserfolg zu rechnen.

Nr. 14 Kalium bromatum

Fördert einen gesunden Schlaf bei großer nervlicher Belastung.

14

Anwendungsbeispiele

Fall 1: Parästhesie

DIE 55-JÄHRIGE KATJA WURDE IN DER NACHT aufgrund eingeschlafener Hände regelmäßig wach. Sie liebte es, Socken für ihren neugeborenen Enkel zu stricken. Als ihr dabei jedoch auch tagsüber die Hände einschliefen, begann sie mit der Einnahme von *Kalium bromatum D6*. Über den Tag verteilt nahm sie insgesamt 8 Tabletten ein. Die Einnahme setzte sie auch in der Nacht fort, sofern sie durch Taubheitsgefühle erwachte.

Bereits nach kurzer Zeit wurden die Missempfindungen in den Händen besser. Mit der Einnahme fuhr KATJA jedoch unverändert fort. Nach circa 4 Wochen wurde sie nur noch vereinzelt wach und konnte auch tagsüber wieder Socken für ihr Enkelkind stricken.

Fall 2: Kopfschmerzen

DER 24-JÄHRIGE JURA-STUDENT PAUL wurde in seinem Studium sehr gefordert. Seine Konzentration in den Vorlesungen litt, da er an vielen Tagen bereits mit Kopfschmerzen erwachte. Er beschrieb einen deutlichen Schmerz hinter den Augen, als würde von dort jemand Druck ausüben. Daraufhin erhielt er *Kalium bromatum D6*. Das Mineralsalz nahm er mit jeweils 2 Tabletten morgens, mittags und abends ein. An den Tagen, die bereits mit Kopfschmerzen begannen, sollte er alle 10–15 Minuten 1 Tablette *Magnesium phosphoricum D6* zusätzlich bis zur Besserung einnehmen.

Mit diesem Behandlungsschema bekam PAUL die Kopfschmerzen in den Griff und meisterte erfolgreich sein Staatsexamen.

NR. 15 KALIUM JODATUM D6

Kaliumjodid oder KJ

Das Mineralsalz für die Schilddrüse und bei Entzündungen.

Vorkommen

JOD IST EIN ESSENZIELLES SPURENELEMENT und für unzählige Stoffwechselabläufe im Körper verantwortlich. Eine sehr starke Wirkung hat Jod auf die Schilddrüse und die Bildung der Schilddrüsenhormone. Neben der Schilddrüse ist Jod auch in vielen anderen Körpergeweben vorhanden. Es ist in der Bauchspeicheldrüse, im Dünndarm, in der Gebärmutter, in den Lymphdrüsen und in zahlreichen anderen Organen enthalten.

Zungenbefund

DIE ZUNGE IST milchig-weiß belegt.

Gesicht

DAS DEUTLICHSTE ZEICHEN IST eine Kropfbildung. Dabei handelt es sich um eine Schwellung der Schilddrüse im Halsbereich. Seltener zeigt sich eine geschwollene Unterlippe oder eine nur zur Hälfte ausgebildete Augenbraue.

Gemüt

ES HANDELT SICH UM RUHELOSE und reizbare Menschen. Diese Reizbarkeit kann sich in Aggression gegenüber Freunden und der Familie äußern, in deren verbaler Äußerung die Betroffenen jede Zurückhaltung verlieren.

Modalitäten

DAS BESCHWERDEBILD VERSCHLECHTERT SICH, sobald die Patienten zur Ruhe kommen. Dies umfasst auch das Ankommen zu Hause. Bei Nässe und Kälte kommt es ebenfalls zu einer Verschlimmerung. Sehr viel wohler fühlen sich die Patienten, sobald sie das Zuhause verlassen und unterwegs sind. Auch Bewegung verbessert die Allgemeinsituation. Dasselbe gilt für kühle Luft und warme Getränke.

VERBESSERUNG: Bewegung, kühle Luft, unterwegs
VERSCHLECHTERUNG: Ruhe, Nässe, Kälte, zu Hause

Wichtigstes Anwendungsgebiet

Kalium jodatum ist das wichtigste Schüßler-Salz für die **Schilddrüse.** Die Besonderheit dieses Mineralsalzes liegt in seiner regulativen Wirkung. Es kann sowohl bei einer Überfunktion als auch bei einer Unterfunktion der Schilddrüse eingesetzt werden.

Das Erweiterungsmittel ist zur Behandlung von **Entzündungen** sehr wertvoll. Es unterstützt die drei klassischen Schüßler-Salze *Nr. 3 Ferrum phosphoricum, Nr. 4 Kalium chloratum* und *Nr. 6 Kalium sulfuricum* in ihrer entzündungslindernden Wirkung. Dazu wird bei jeder Einnahme zusätzlich 1 Tablette *Kalium jodatum D6* eingenommen.

Weitere Anwendungsgebiete

- Hoher und niedriger Blutdruck (sofern dieser durch eine Schilddrüsenstörung verursacht wird)
- Wechseljahresbeschwerden (hilfreich besonders bei Hitzewallungen und starken Schweißausbrüchen)
- Gelenkentzündungen (vor allem die großen Gelenke wie Knie, Hüfte oder Schulter)
- Schleimbeutelentzündungen (in Kombination mit *Nr. 4 Kalium chloratum D6*)
- Lymphknoten-Schwellungen
- Verhärtungen und Verklebungen (in Kombination mit *Nr. 1 Calcium fluoratum D12* werden Faszien, Bänder und Gelenkkaseln behandelt)
- Gutartige Prostatavergrößerung
- Ödeme (Wassereinlagerungen werden zusätzlich mit *Nr. 8 Natrium chloratum D6* und *Nr. 10 Natrium sulfuricum D6* behandelt)
- Räusperzwang
- Arteriosklerose (zur Behandlung von Herz-Kreislauf-Störungen, die mit einer Einengung von Blutgefäßen einhergehen)

Nr. 15 Kalium jodatum

Reguliert die Über- bzw. Unterfunktion der Schilddrüse.

15

Anwendungshinweise

DER NATÜRLICHE JODBEDARF KANN durch jodhaltige Lebensmittel wie jodiertes Speisesalz, Algen, Meeresfische, Spinat, Eier oder tierische Innereien gedeckt werden.

Anwendungsbeispiele

Fall 1: Hitzewallungen

DIE 50-JÄHRIGE VERENA WAR BANKKAUFFRAU und im direkten Kundenkontakt tätig. Seit Beginn der Wechseljahre litt sie unter schlagartig einsetzenden Schweißausbrüchen. Diese Hitzewallungen konnte sie nicht kontrollieren, wodurch sie sich in Kundengesprächen sehr unwohl fühlte. Pflanzliche Präparate bei Wechseljahresbeschwerden hatten ihr bislang nicht geholfen. Sie begann daraufhin mit der Einnahme von *Kalium jodatum D6* und nahm 3-mal am Tag 1 Tablette davon ein. Bei jeder Hitzewallung, die sie am Tage überfiel, ließ sie 1 weitere Tablette auf der Zunge zergehen. Bereits nach 3 Wochen bemerkte sie einen leichten Rückgang der Schweißausbrüche. In den kommenden Monaten setzte sie die Einnahme auf diese Weise fort und konnte die Hitzewallungen damit auf ein für sie erträgliches Maß reduzieren.

Fall 2: Schleimbeutelentzündung

EIN DREIVIERTEL JAHR NACH DER GEBURT seines ersten Kindes ging der 31-jährige STEFAN in Elternzeit. Er wollte Zeit mit seinem Sohn verbringen und sich selbst wieder körperlich in Form bringen. Er kaufte einen Fahrradanhänger für seinen Sohn. STEFAN befestigte diesen an seinem Fahrrad und begann mit der ersten Tour. Bereits nach der ersten Fahrt bekam er Schmerzen im linken Knie. Es schwoll an und er konnte es nur unter Schmerzen beugen. Eine Schleimbeutelentzündung hatte ihn lahmgelegt. Er achtete auf Ruhe und Kühlung und nahm zur weiteren Behandlung 6-mal am Tag jeweils 1 Tablette *Nr. 4 Kalium chloratum* D6 und *Nr. 15 Kalium jodatum D6* ein. Bereits nach 4 Tagen war die Schwellung zurückgegangen und er konnte fast schmerzfrei wieder gehen. Nach 10 Tagen konnte STEFAN wieder Rad fahren und achtete diesmal darauf, sich nicht zu überlasten.

NR. 16 LITHIUM CHLORATUM D6

Lithiumchlorid oder LiCl

Das Mineralsalz für die Psyche und zur Entgiftung.

Vorkommen

LITHIUM KOMMT IM MENSCHLICHEN KÖRPER nur in geringen Mengen vor. Hauptsächlich findet man es in den Lymphknoten, in der Leber, in der Lunge und im Gehirn. Über die Nahrung gelangt das Alkalimetall vorwiegend durch tierische Produkte in den menschlichen Stoffwechsel. Seit mehreren Jahrhunderten werden lithiumhaltige Heilwasser zur Behandlung depressiver Gemütszustände eingenommen.

Zungenbefund

DIE ZUNGE ZEIGT KEINE spezifischen Auffälligkeiten.

Gesicht

IM BEREICH DER AUGENBRAUEN sind Rötungen der Haut zu erkennen.

Gemüt

CHARAKTERISTISCH FÜR DIESE PATIENTEN ist eine manisch-depressive Gemütslage. Starke Stimmungsschwankungen – himmelhoch jauchzend, zu Tode betrübt – kennzeichnen den Alltag dieser Menschen.

Modalitäten

DIE BESCHWERDEN ZEIGEN BEI RUHE und in der Nacht eine Verschlechterung. Die Patienten können dann keine Bettwärme ertragen und liegen oft ohne Decke im Bett. Bei Frauen tritt unmittelbar vor der Menstruation ebenfalls eine Verschlimmerung der Symptome ein. Eine deutliche Besserung verspüren die Patienten nach dem Essen, bei Bewegung oder nach reichlicher Harnentleerung.

VERBESSERUNG: Nach dem Essen, nach dem Wasserlassen, bei Bewegung

VERSCHLECHTERUNG: Ruhe, nachts, Menstruation, Bettwärme

Wichtigstes Anwendungsgebiet

Lithium chloratum ist das wichtigste Schüßler-Salz bei depressiver Gemütslage. Bei belasteten Emotionen und psychischer Unausgeglichenheit wird dieses Erweiterungsmittel eingesetzt.

Es stabilisiert die Psyche und unterstützt einen geruhsamen Schlaf. Hierbei wird die Wirkung von *Lithium chloratum* vor allem bei **Durchschlafstörungen** genutzt.

Das Mineralsalz fördert die körpereigene **Entgiftung** über die Harnwege und hilft, den **Säure-Basen-Haushalt** zu regulieren. In diesem Zusammenhang wird es mit dem Schüßler-Salz *Nr. 9 Natrium phosphoricum D6* kombiniert.

Weitere Anwendungsgebiete

- Infektanfälligkeit
- Blähungen (Die Verdauungsstörungen können auch mit krampfartigen Schmerzen einhergehen.)
- Schuppenflechte (Beste Wirkung in Kombination mit *Nr. 9 Natrium phosphoricum D6* und *Nr. 11 Silicea D12*. Die Einnahme muss über mehrere Monate erfolgen, und zwar 3-mal am Tag von jedem dieser Schüßler-Salze jeweils 1 Tablette.)
- Arthrose
- Rheuma (Entzündungen der Gelenke werden mit *Lithium chloratum D6* behandelt. Das Ziel ist dabei eine gesteigerte Entgiftung, um das Bindegewebe zu entlasten.)
- Fersensporn
- Überbein (Ganglion)
- Hexenschuss (Ischiasbeschwerden)
- Gicht (*Lithium chloratum D6* wird mit *Natrium chloratum D6* und *Calcium phosphoricum D6* kombiniert. Von jedem Schüßler-Salz jeweils 6 Tabletten über den Tag verteilt einnehmen.)

Anwendungshinweise

LITHIUM CHLORATUM SOLLTE NICHT gleichzeitig mit anderen Kalium-Präparaten eingenommen werden. Lithium hemmt wichtige Enzyme, die Kalium aktivieren. Mit zeitlichem Abstand von circa 4–6 Stunden ist die Einnahme von kaliumhaltigen Schüßler-Salzen möglich.

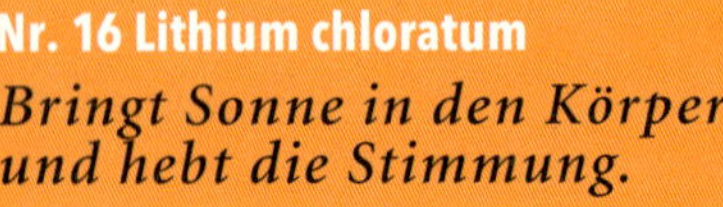

Nr. 16 Lithium chloratum

Bringt Sonne in den Körper und hebt die Stimmung.

Anwendungsbeispiele

Fall 1: Fersensporn

DER 48-JÄHRIGE GRAFIK-DESIGNER RALF litt an einem Fersensporn. Diese Kalkeinlagerung am Fersenteil ist beim Gehen sehr schmerzhaft. Besonders morgens nach dem Aufstehen oder nachdem er längere Zeit am Computer gearbeitet hatte, konnte er nur unter starken Schmerzen auftreten. Einlagen und entzündungshemmende Medikamente milderten die Symptome ab und sorgten für kurzfristige Besserung. Seit einem halben Jahr ging es jedoch nur schleppend voran und der langsame Verlauf schlug ihm aufs Gemüt. Um den Heilungsverlauf zu beschleunigen, nahm er 10-mal am Tag jeweils 1 Tablette *Lithium chloratum D6*, *Natrium phosphoricum D6* und *Calcium fluoratum D12* ein. Am Abend rieb er den schmerzenden Fuß zusätzlich mit der Salbe *Nr. 11 Silicea* ein. Nach 4 Wochen konsequenter Anwendung bemerkte er bereits eine Verbesserung. Er war positiv gestimmt und setzte die entzündungshemmenden Medikamente komplett ab. Nach insgesamt 8 Wochen war RALF nahezu beschwerdefrei.

Fall 2: Durchschlafstörung

DIE 35-JÄHRIGE SIMONE KONNTE seit mehreren Monaten nicht mehr durchschlafen. Die Mutter von 2 Kindern ging abends zu regelmäßigen Zeiten ins Bett und schlief für gewöhnlich auch recht schnell ein. In der Nacht wurde sie jedoch mehrmals wach und es fiel ihr schwer wieder einzuschlafen. Der Schlafmangel zehrte tagsüber allmählich an ihren Kräften. Sie begann mit der Einnahme von *Lithium chlora-*

tum D6 und nahm über den Tag verteilt insgesamt 5 Tabletten ein. Sobald sie nachts wach wurde, nahm sie 1 weitere Tablette ein. Nach circa 2 Wochen bemerkte sie bereits einzelne Nächte, in denen sie durchschlief. Sie setzte die Einnahme des Schüßler-Salzes wie gewohnt fort und konnte nach weiteren 5 Wochen die Einnahme sogar beenden. Nun schläft sie wieder durch und ist am Tage voller Kraft und Energie.

NR. 17 MANGANUM SULFURICUM D6

Mangansulfat oder $MnSO_4$

Das Mineralsalz für das Blut und den Stoffwechsel.

Vorkommen

MANGAN IST EIN ESSENZIELLES Spurenelement. Der menschliche Organismus ist auf eine ausreichende Zufuhr angewiesen. Es dient als Cofaktor vieler Enzyme im Stoffwechsel und wird vor allem in der Leber, in den Nieren, in der Bauchspeicheldrüse und auch in den Knochen gespeichert.

Als gute Manganlieferanten gelten Haferflocken, Buchweizen und Weizenkeime. Einzelne Nusssorten wie Hasel- und Erdnüsse enthalten ebenfalls recht viel Mangan.

Zungenbefund

AUF DER ZUNGE KÖNNEN KLEINE WARZEN oder Knötchen bestehen.

Gesicht

DAS GESICHT WIRKT MÜDE. Auf dem Oberlid können sich orangefarbene Flecken bilden und im äußeren Bereich der Augen treten oft bräunlich-schwarze Hautverfärbungen auf.

Gemüt

ES HANDELT SICH UM MÜDE und erschöpfte Menschen. Depressive Zustände halten lange an und sind sehr belastend. Die Patienten neigen zu Spott und Sarkasmus.

Modalitäten

EINE VERSCHLECHTERUNG der Beschwerden zeigt sich bei Wetterwechsel, insbesondere bei nasskalter Witterung. Eine nächtliche Verstärkung der Symptome ist sehr typisch. Den Patienten fällt es schwer, Berührung zu tolerieren. Sie wird eher gemieden. In Ruhe werden die Beschwerden besser. Darüber hinaus tragen frische Luft und Husten zu einer Linderung bei.

VERBESSERUNG: Ruhe, Husten, frische Luft
VERSCHLECHTERUNG: Berührung, Wetterwechsel, nachts

Wichtigstes Anwendungsgebiet

Das Mineralsalz ist wichtig für das Blut. Es wird bei **Eisenmangel, Blutarmut** sowie bei **Durchblutungs- und Gerinnungsstörungen** eingesetzt.

Manganum sulfuricum unterstützt die Blutbildung und verstärkt in seiner Wirkung *Nr. 3 Ferrum phosphoricum D12*. Beide Mineralsalze werden daher häufig auch zusammen eingenommen.

Dieses Schüßler-Salz unterstützt den gesamten Stoffwechsel durch seine Beteiligung an zahlreichen Enzymen. Es schenkt Kraft und wirkt leistungssteigernd bei Ermüdungszuständen.

Nr. 17 Manganum sulfuricum

Bester Freund von Schüßler-Salz Nr. 3! Verstärkt die Wirkung von Ferrum phosphoricum.

Weitere Anwendungsgebiete

- Nervenschmerzen (Bei Neuralgien wird die zusätzliche Einnahme von *Nr. 5 Kalium phorphoricum D6* und *Nr. 21 Zincum chloratum D6* empfohlen.)
- Wundheilungsstörungen
- Akute Entzündungen (Bei allen akut auftretenden Entzündungen, insbesondere der Atemwege. Die gleichzeitige Einnahme von *Nr. 3 Ferrum phosphoricum D12* und *Nr. 15 Kalium jodatum D6* wird bis zum Einsetzen einer Besserung empfohlen. Danach folgt das Schüßler-Salz des 2. Entzündungsstadiums *Nr. 4 Kalium chloratum D6* und danach *Nr. 6 Kalium sulfuricum* als Schüßler-Salz für das 3. Entzündungsstadium.)
- Histaminintoleranz (*Manganum sulfuricum D6* wird zur Reduzierung einer Histaminfreisetzung eingenommen.)
- Allergien
- Kinderwunsch (Bei unerfülltem Kinderwunsch sollten beide Partner *Manganum sulfuricum D6* und *Zincum chloratum D6* kombiniert einnehmen.)
- Mundwinkelrhagaden
- Entzündungen (1. Stadium)
- Nasenbluten
- Schnupfen
- Hautausschläge (Vor allem allergische Reaktion. Die Ausschläge sind trocken und jucken.)
- Neurodermitis
- Schwaches Bindegewebe
- Mittelohrentzündung

Anwendungshinweise

MANGANUM SULFURICUM D6 verstärkt die Wirkung von *Nr. 3 Ferrum phosphoricum D12*. Beide Mineralsalze werden oft in Kombination eingesetzt. Dabei wird in der Regel von *Nr. 17 Manganum sulfuricum D6* die halbe Dosierung von *Nr. 3 Ferrum phosphoricum D12* eingenommen.

Anwendungsbeispiel

Fall 1: Wundheilungsstörung

3 MONATE NACH EINEM KAISERSCHNITT war bei der 27-jährigen SUSANN die Wunde noch nicht gänzlich verheilt. An einer kleinen Stelle war der Narbenbereich noch gerötet und es bildete sich immer wieder eine Hautkruste. Ganz abheilen wollte der Bereich nicht. Der gesamte Armbereich war empfindlich bei Berührung. Da es keine weiteren deutlichen Entzündungszeichen gab, wollte SUSANNS Frauenarzt noch abwarten. Daraufhin nahm sie stündlich über den Tag verteilt 1 Tablette *Manganum sulfuricum D6* ein. Keine 4 Wochen später war auch der letzte kleine Wundbereich abgeheilt und die gesamte Narbe nicht mehr berührungsempfindlich.

Fall 2: Mittelohrentzündung

SEIT DER 5-JÄHRIGE FINN im Kindergarten war, rutschte er von einer Erkältungskrankheit in die nächste. Sobald im Herbst das nasskalte Wetter einsetzte, begannen bei ihm die Infekte. Er war praktisch dauerkrank. Immer häufiger waren auch die Ohren betroffen. Die verstärkt auftretenden Mittelohrentzündungen waren schmerzhaft und klangen nur mithilfe von Antibiotika wieder ab.

Die Eltern entschieden sich, die Behandlung mit *Nr. 17 Manganum sulfuricum D6* zu unterstützen und gaben FINN 5-mal am Tag 1 Tablette zu lutschen. Erstaunt stellten sie fest, dass ihr Sohn seit der Einnahme keine weitere Mittelohrentzündung mehr bekam. Im Folgejahr begannen sie schon kurz nach den Sommerferien vorbeugend mit der Einnahme dieses Schüßler-Salzes. Den Winter meistert FINN seitdem ohne Antibiotika und Mittelohrentzündung.

NR. 18 CALCIUM SULFURATUM D6

Kalziumsulfid oder CaS

Das Mineralsalz für die Ausscheidung von Schwermetallen.

Vorkommen

KALZIUM IST EIN WICHTIGER BESTANDTEIL des menschlichen Organismus. Inwiefern jedoch Kalziumsulfid im Körper vorkommt, ist nicht eindeutig geklärt.

Zungenbefund

DIE ZUNGE ZEIGT keine Auffälligkeiten.

Gesicht

AM OBERLID IST EINE SCHWELLUNG erkennbar. Diese zeigt sich innen in Richtung Nasenwurzel und kann im Seitenvergleich sehr unterschiedlich ausgeprägt sein.

Gemüt

DIE PATIENTEN SIND PRAKTISCH dauermüde. Sie sind immer hungrig und schnell erschöpft.

Modalitäten

DIE BESCHWERDEN VERSCHLECHTERN sich massiv, sobald die Patienten keine Pause oder Ruhezeiten einlegen. Überforderung sollten sie vermeiden. Kohlenhydratreiche Lebensmittel verschlechtern die Symptome. Berührung ist für die Patienten unangenehm und wird daher gemieden.

Eine deutliche Besserung des Beschwerdebildes zeigt sich nach der Nahrungsaufnahme (Ausnahme bei Kohlenhydraten; hierbei kommt es zur Verschlechterung). Die Patienten haben ein Verlangen nach Getränken und Schlaf.

VERBESSERUNG: Nahrungsaufnahme, Trinken, Schlafen
VERSCHLECHTERUNG: Überforderung (keine Pausen), kohlenhydratreiche Ernährung, Berührung

Wichtigstes Anwendungsgebiet

Nr. 18 Calcium sulfuratum ist dem Schüßler-Salz *Nr. 12 Calcium sulfuricum* sehr ähnlich. Es greift bei chronischen Beschwerden jedoch tiefer in den Stoffwechsel ein und kann daher zur gründlichen Entgiftung und Ausleitung eingesetzt werden.

Das wichtigste Anwendungsgebiet ist die **gezielte Ausscheidung von Schwermetallen**. Hierzu zählen insbesondere Quecksilber und Blei.

Weitere Anwendungsgebiete

- Entzündungsherde (Hartnäckige Eiterungen, die nur langsam heilen, sollten mit Calcium sulfuratum D6 behandelt werden.)
- Nasennebenhöhlenentzündungen (chronische und langwierige Verläufe)
- Milchschorf

- Übersäuerung (Zum Ausgleich des Säure-Basen-Haushalts-kann *Calcium sulfuratum D6* verwendet werden, wenn sich durch die bisherige Behandlung keine Verbesserung eingestellt hat.)
- Gerstenkorn
- Hagelkorn
- Arteriosklerose
- Krampfadern
- Hämorrhoiden
- Fettleber
- Hautausschläge (Es handelt sich dabei um eitrige Hautleiden. Hierzu zählen Abszesse, eitrige Entzündungen, Eiterbläschen und Furunkel.)

Anwendungshinweise

CALCIUM SULFURATUM D6 wird immer dann eingesetzt, wenn andere entgiftende Schüßler-Salze keine Wirkung erzielt haben. Die Behandlung wird dann durch dieses Mineralsalz ergänzt. Dies trifft im Besonderen auf die *Nr. 12 Calcium sulfuricum D6* zu, da beide Mineralsalze in ihrer Wirkung sehr ähnlich sind. Sollte *Nr. 12* daher keine Verbesserung erzielen, wird es durch *Nr.* 18 ersetzt. Besondere Vorsicht gilt bei der erstmaligen Einnahme von *Calcium sulfuratum D6*. Da es die Ausscheidungsprozesse des Körpers gezielt anregt, kann es zu einer Erstverschlimmerung kommen. In diesem Fall wird die Dosierung entweder halbiert oder es wird für 3 Tage komplett pausiert. Nach Abklingen dieser Erstreaktion wird die Einnahme fortgesetzt.

18

Nr. 18 Calcium sulfuratum Hahnemanni

Bei schlechter Wundheilung mit Eiterbildung.

Anwendungsbeispiele

Fall 1: Gerstenkorn

DER 6-JÄHRIGE LARS WAR in der 1. Klasse. Dort fühlte er sich leider nicht wohl, da er von anderen Schülern auf sein Gerstenkorn am rechten Auge angesprochen und deshalb auch geärgert wurde. Er hatte keine Lust auf die Schule und wollte morgens am liebsten im Bett liegen bleiben. Die Entzündung am Unterlid war nicht schmerzhaft, heilte seit einem halben Jahr jedoch auch nicht ab. Salben hatten bisher nicht geholfen.

LARS erhielt daraufhin 3 verschiedene Schüßler-Salze. Gegen die Entzündung *Nr. 3 Ferrum phosphoricum D12* und speziell für die Haut *Nr. 11 Silicea D12*. Um den langwierigen Prozess in Gang zu bringen, bekam LARS zusätzlich *Nr. 18 Calcium sulfuratum D6*. Und von jedem Schüßler-Salz nahm er 4-mal am Tag jeweils 1 Tablette ein.

Mit dieser Kombination wurde eine rasche Linderung erzielt. Die Entzündung ging zurück und nach rund 8 Wochen war von dem Gerstenkorn noch kaum etwas zu sehen. Auf Salben konnte vollständig verzichtet werden.

Fall 2: Hämorrhoiden

SEIT DER SCHWANGERSCHAFT HATTE VERENA stark an Gewicht zugenommen und litt unter Hämorrhoiden. Die 33-jährige Mutter hatte regelmäßig brennende Schmerzen beim Stuhlgang und leichte Blutungen waren dabei keine Seltenheit. Die Schmerzen belasteten sie sehr und sie begab sich in naturheilkundliche Behandlung. Sie erhielt den Rat, eine ballaststoffreiche Ernährung anzustreben und ihre Flüssigkeitsaufnahme zu erhöhen. Dies förderte die Darmfunktion und reduzierte den Druck auf die Blutgefäße im Bereich des Enddarms.

Zusätzlich erhielt sie die Schüßler-Salze *Nr. 1 Calcium fluoratum D12, Nr. 11 Silicea D12* und *Nr. 18 Calcium sulfuratum D6*. Von jedem nahm sie 3-mal täglich jeweils 1 Tablette ein. Alle 3 Mineralsalze wirkten positiv auf die Blutgefäße ein. Das Erweiterungsmittel *Calcium sulfruatum D6* unterstützte zusätzlich die Ausscheidung und sollte den Stoffwechsel anregen.

Nach 4 Monaten ging es VERENA deutlich besser. Sie aß mehr Gemüse und stellte fest, dass ihr diese Ernährung sehr gut bekam. Sie hatte sogar einiges an Gewicht verloren. Der hohe Ballaststoffanteil der Nahrung in Verbindung mit der Flüssigkeitszufuhr unterstützte die Darmfunktion in sehr hohem Maße. Nach einem halben Jahr konnte sie die Schüßler-Salze absetzen.

NR. 19 CUPRUM ARSENICOSUM D6

Kupferarsenit oder $Cu_3(AsO_3)_2$

Das Mineralsalz bei Krämpfen.

Vorkommen

IM MENSCHLICHEN KÖRPER BEFINDET SICH Kupfer in den Knochen, der Leber, der Muskulatur und im Gehirn. Es zählt zu den essenziellen Spurenelementen und ist wichtiger Bestandteil vieler Enzyme.

Der tägliche Bedarf wird durch die Nahrung gedeckt. Kupfer ist in tierischen und pflanzlichen Lebensmitteln enthalten. Grünes Gemüse, Kakao sowie Wal- und Paranüsse sind sehr kupferreich.

Zungenbefund

DIE ZUNGE IST TROCKEN und die hintere Hälfte weiß belegt.

Gesicht

DIE AUGENLIDER WEISEN IN RICHTUNG Nase einen hellen Hautbereich auf.

Gemüt

ES HANDELT SICH UM NERVÖSE UND schnell reizbare Menschen.

Modalitäten

DIE BESCHWERDEN WERDEN DURCH HUNGER und Kälte verstärkt. Ebenso wird nach Mitternacht eine Verschlechterung beobachtet. Das flache Liegen ist eine Körperhaltung, die zu einer Verschlechterung der Beschwerden führt. Eine Besserung stellt sich dagegen direkt nach dem Aufstehen aus der liegenden Position ein. Allgemein bessern sich die Beschwerden durch Ruhe und Trinken von kaltem Wasser.

VERBESSERUNG: Ruhe, Trinken von kaltem Wasser, nach dem Aufstehen

VERSCHLECHTERUNG: Hunger, nach Mitternacht, Kälte, Liegen

Wichtigstes Anwendungsgebiet

Cuprum arsenicosum ist ein wichtiges Schüßler-Salz **bei Krämpfen** und stärkt gleichzeitig die Nerven.

Weitere Anwendungsgebiete

- Blutarmut (*Cuprum arsenicosum D6* unterstützt den Eisenstoffwechsel und kann mit *Nr. 3 Ferrum phosphoricum D12* und *Nr. 17 Manganum sulfuricum D6* zusammen eingenommen werden.)
- Abwehrschwäche (Bei Infektanfälligkeit leistet *Cuprum arsenicosum* wertvolle Dienste. Es wird bevorzugt zur Behandlung bakterieller Infekte eingesetzt.)

- Kopfschmerzen (im Bereich der Stirn)
- Koliken (Bei allen krampfartigen Schmerzen wird *Nr. 19 Cuprum arsenicosum D6* eingesetzt. Es wird gerne mit *Nr. 7 Magnesium phosphoricum D6* kombiniert und der »heißen 7« beigemischt.)
- Zuckungen (der Augen, der Lippen oder im Mundbereich)
- Tinnitus
- Pigmentstörungen der Haut (Bei Depigmentierung, der Weißfleckenkrankheit / Vitiligo oder hellen Veränderungen von Haut und Haaren wird *Cuprum arsenicosum D6* gegeben.)
- Schwangerschaftserbrechen
- Hexenschuss (bei akuten Ischiasbeschwerden, die im Liegen schlimmer werden)
- Wadenkrämpfe

Nr. 19 Cuprum arsenicosum

Beseitigt krampfartige Hustenattacken und entspannt die Muskulatur.

Anwendungshinweise

ES IST AUSREICHEND, VON *Nr. 19 Cuprum arsenicosum D6* meist nur geringe Mengen einzunehmen. Üblicherweise liegt die Tagesdosis zwischen 1 und 5 Tabletten. Es ist ein gutes Erweiterungsmittel und lässt sich ideal mit folgenden Schüßler-Salzen kombinieren:

Nr. 3 Ferrum phosphoricum D12 bei Blutarmut, Eisenmangel und Fieber.

Nr. 7 Magnesium phosphoricum D6 bei Krämpfen, Koliken und Kopfschmerzen

Nr. 9 Magnesium phosphoricum D6 bei Gelenkschmerzen und Ischiasbeschwerden.

Anwendungsbeispiele

Fall 1: Ischiasbeschwerden

DER 48-JÄHRIGE AUTOMOBILKAUFMANN OLAF hatte für sich und seine Familie ein neues Auto gekauft. Er freute sich auf den Sommerurlaub an der Mecklenburger Seenplatte. Es wurde die erste längere Fahrt in dem geräumigen und komfortablen Fahrzeug. Beim Heben der Koffer und Taschen machte er jedoch eine falsche Bewegung. Unmittelbar spürte er einen stechenden Schmerz im unteren Rücken, der bis in den Fuß ausstrahlte. Schlagartig musste er innehalten und konnte sich vor Schmerzen kaum rühren. Er schleppte sich unter Schmerzen aufs Sofa, um sich auszuruhen. Dort stellte er sofort fest, dass sich die Schmerzen im Liegen sogar noch verstärkten. Seine Frau MELISSA reagierte umgehend und gab ihm *Nr. 7 Magnesium phosphoricum D6* als »heiße 7«. Sie löste 10 Tabletten *Magnesium phosphoricum D6* in einem Glas warmen Wassers auf und gab 3 Tabletten *Cuprum arsenicosum D6* hinzu. OLAF trank die Mischung schluckweise im Sitzen. Nach einer halben Stunde hatte er das Gefühl, dass der Schmerz etwas nachließ. Er verbrachte den restlichen Vormittag am Küchentisch und nahm eine weitere »heiße 7« mit *Cuprum arsenicosum D6*.

Am Nachmittag konnte sich OLAF schon wieder vorsichtig und langsam bewegen. Seine Frau MELISSA hatte das Auto fertig gepackt und sie begonnen die lange Autofahrt. OLAF konnte sich als Beifahrer im Sitzen ausruhen und ließ stündlich jeweils 1 weitere Tablette *Magnesium phosphoricum D6* und *Cuprum arsenicosum D6* direkt auf der Zunge zergehen.

Am Zielort angekommen, ging es seinem Rücken schon deutlich besser und am nächsten Tag war er nahezu schmerzfrei.

Fall 2: Schwangerschaftsübelkeit

CLARISSA WAR IN DER 6. WOCHE SCHWANGER und freute sich sehr auf ihr erstes Kind. Die Vorfreude der 23-Jährigen wurde jedoch von starker Übelkeit getrübt. Sie aß immer weniger und konnte nur noch kaltes Wasser trinken, da fast alles andere die Übelkeit verstärkte oder zu Erbrechen führte. Sie wurde körperlich immer schwächer. Da sie in der Schwangerschaft keine Medikamente einnehmen wollte, entschied sie sich für die Schüßler-Salze.

Sie nahm über den Tag verteilt regelmäßig jeweils 1 Tablette *Nr. 19 Cuprum arsenicosum D6* ein. Insgesamt kam sie so auf etwa 15–20 Tabletten. Nach wenigen Tagen merkte sie eine deutliche Besserung der Übelkeit. Ein Erbrechen trat sogar fast gar nicht mehr auf. Sie konnte die Häufigkeit auf circa 10 Tabletten pro Tag reduzieren und die Einnahme ab dem 4. Monat gänzlich aussetzen. Die Schwangerschaftsübelkeit war kein Thema mehr.

NR. 20 KALIUM ALUMINIUM SULFURICUM D6

Aluminiumkaliumsulfat oder AlK(SO)

Das Mineralsalz zur Anregung des Stoffwechsels im Alter.

Vorkommen

FÜR ALUMINIUM SIND KEINE gesundheitsfördernden Wirkungen auf den menschlichen Körper bekannt. Es ist das dritthäufigste Element der Erdkruste und somit auch ständiger Bestandteil des menschlichen Organismus. Aluminium wird über die Nahrung und das Trinkwasser aufgenommen und über die Nieren wieder ausgeschieden. Bei einer erhöhten Zufuhr oder einer gestörten Ausscheidungsfunktion wird Aluminium vornehmlich in der Leber, in den Zähnen oder im Gehirn angereichert.

Zungenbefund

DIE ZUNGE ist unauffällig.

Gesicht

DIE PATIENTEN WEISEN eine rissige Haut oder Geschwüre im Bereich der Nasenspitze auf. Am Auge ist das Unterlid geschwollen. In seltenen Fällen auch das Oberlid.

Gemüt

ES HANDELT SICH UM GEFÜHLSKALTE, reaktionsschwache und emotionslose Menschen. Bei jüngeren Menschen wirkt diese Teilnahmslosigkeit so, als seien sie bereits dement.

Modalitäten

BEI KÄLTE UND IM WINTER kommt es zu einer Verschlechterung der Symptome. Ebenso sind bereits am Morgen die Beschwerden deutlich ausgeprägter. Dagegen zeigt sich eine Verbesserung bei Wärme und warmen Anwendungen. Somit blühen diese Menschen im Sommer eher auf. Auch durch Bewegung kommt es zu einer Linderung der Symptome.

VERBESSERUNG: Wärme, im Sommer, in Bewegung
VERSCHLECHTERUNG: Kälte, im Winter, morgens

Wichtigstes Anwendungsgebiet

Kalium Aluminium sulfuricum ist ein Mittel, das vor allem bei Senioren Anwendung findet. Seine Stärke liegt in der Anregung körpereigener Stoffwechselvorgänge.

In diesem Zusammenhang unterstützt es die **Muskulatur**, die **Durchblutung** und den **Wasserhaushalt**.

Weitere Anwendungsgebiete

- Husten (trockener Husten)
- Juckreiz (bei älteren Menschen in Verbindung mit trockener oder schuppiger Haut)
- Entzündungen (Bei Entzündungen der Atemwege mit Husten und Schnupfen oder bei Erkältungskrankheiten kommt Kalium Aluminium sulfuricum D6 im 3. Stadium zum Einsatz. Es unterstützt *Kalium sulfuricum D6*.)

- Kälteempfindlichkeit
- Verstopfung (mit Blähungen)
- Krampfadern
- Hämorrhoiden
- Inkontinenz (Blasenschwäche)
- Wadenkrämpfe
- Rheuma

Anwendungshinweise

DAS ERWEITERUNGSMITTEL *Kalium Aluminium sulfuricum* wird eher selten verordnet. Seine Wirkung setzt nur langsam ein. Daher sollte es über einen längeren Zeitraum eingenommen werden. Als Akutmittel zeigt es vor allem bei Verstopfung eine rasche Wirkung.

Nr. 20 Kalium Aluminium sulfuricum

Bei Alterserscheinungen wie Juckreiz, Konzentrationsstörungen und Schwindel.

Anwendungsbeispiel

Fall 1: Verstopfung

MIT ZUNEHMENDEM ALTER litt die heute 68-jährige MARIA verstärkt unter Verstopfung. Die Darmfunktion war bereits seit vielen Jahren eher träge und unangenehme Blähungen waren für MARIA keine Seltenheit. Alle paar Tage nahm sie daher gezielt Ballaststoffe (Flohsamenschalen) ein, um die Verdauung anzuregen. Mitunter machte sie auch Einläufe, die sie zu Hause selbst durchführte. Im Verlauf der letzten Jahre nahm die Darmträgheit jedoch eher zu.

Sie bekam *Kalium Aluminium sulfuricum D6* und sollte 3-mal am Tag jeweils 2 Tabletten einnehmen. Nach 4 Wochen bemerkte sie noch keinerlei Besserung der Verdauung. Überrascht stellte sie jedoch fest, dass sie seit der Einnahme von *Kalium Aluminium sulfuricum D6* keine nächtlichen Wadenkrämpfe mehr hatte. Sie nahm das Erweiterungsmittel weitere 8 Wochen ein und bemerkte eine ganz allmähliche Verbesserung der Verdauung. Die Darmträgheit veränderte sich deutlich. Sie benötigte keinerlei Einläufe mehr. Nach einem dreiviertel Jahr der Einnahme dieses Schüßler-Salzes konnte MARIA zum Abführen auf Flohsamenschalen verzichten.

Fall 2: Juckreiz

BESONDERS IN DEN VORMITTAGSSTUNDEN wurde KLAUS (72 Jahre) von starkem Juckreiz gequält. Die Beschwerden bestanden seit etwa 2 Jahren und Salben hatten bislang keine Linderung erzielt. Der Juckreiz betraf abwechselnd ganz unterschiedliche Hautbereiche über den gesamten Körper verteilt. Seit 2 Monaten nahm er die Schüßler-Salze *Magnesium phosphoricum D6* und *Natrium chloratum D6* ein. Doch auch hier ohne eine deutliche Veränderung der morgendlichen Beschwerden. KLAUS erhielt das Erweiterungsmittel *Kalium Aluminium sulfuricum D6*, das er zusätzlich einnehmen sollte. Über den Tag verteilt ließ er immer wieder 1 Tablette auf der Zunge zergehen. Insgesamt nahm er täglich 7 Tabletten davon ein. Bereits nach 3 Wochen nahm der Juckreiz deutlich ab und KLAUS setzte die Einnahme der 3 Schüßler-Salze unverändert fort. Nach etwas über einem halben Jahr war der Juckreiz verschwunden.

NR. 21 ZINCUM CHLORATUM D6

Zinkchlorid oder $ZnCl_2$

Das Mineralsalz für das Nervensystem.

Vorkommen

ZINK IST EIN ESSENZIELLES Spurenelement und muss über die Nahrung aufgenommen werden. Es ist für den gesamten Körper sehr wichtig und an über 300 Enzymen und zahlreichen Stoffwechselvorgängen beteiligt.

Gute Lieferanten für dieses Spurenelement sind Vollkornprodukte, Sonnenblumenkerne oder Sojabohnen. Dabei wird Zink pflanzlichen Ursprungs schlechter vom Körper aufgenommen als Zink tierischen Ursprungs. Besonders Schweine- oder Kalbsleber sind gute tierische Zinkquellen.

Zungenbefund

DER SICHTBEFUND der Zunge ist unauffällig.

Gesicht

DAS TYPISCHE ZEICHEN für einen Zink-Mangel sind helle Flecken auf den Fingernägeln oder den Zähnen. Im Gesicht zeigen sich an den Lippen tiefe senkrechte Falten (Steilfalten).

Gemüt

DIE PATIENTEN HABEN OFT starke Stimmungsschwankungen. Sie sind rasch geistig ermüdet und wirken in ihrem Handeln matt und unruhig. Zudem handelt es sich um geräuschempfindliche Menschen, die Lärm schlecht ertragen.

Modalitäten

IN RUHE UND BESONDERS IM SITZEN kommt es zu einer Verschlechterung der Symptome. Charakteristisch ist außerdem eine Zunahme der Beschwerden nach dem Genuss von Wein. Eine Besserung stellt sich dagegen im Freien und durch Bewegung ein.

VERBESSERUNG: Im Freien, Bewegung
VERSCHLECHTERUNG: Wein, Ruhe, Sitzen

Wichtigstes Anwendungsgebiet

Zincum chloratum ist ein wichtiges Erweiterungsmittel für das **Nervensystem**. Es wird zur Beruhigung der Nerven und bei **Stress** eingesetzt. Es gilt zudem als wichtiges Schüßler-Salz zur Behandlung von **Schmerzen**.

Die Bedeutung von Zink für den menschlichen Körper kommt auch bei diesem Schüßler-Salz zum Tragen. So kann *Zincum chloratum* mit fast jedem anderen Schüßler-Salz kombiniert werden.

Weitere Anwendungsgebiete

- Nervenschmerzen (alle Neuralgien wie z. B die Trigeminusneuralgie)
- Missempfindungen der Haut
- Schmerzen (Eine Schmerztherapie mit Schüßler-Salzen sollte neben *Zincum chloratum D6* auch *Kalium phosphoricum D6* und *Magnesium phosphoricum D6* umfassen.)
- Zittern
- Zuckungen der Muskeln (*Zincum chloratum D6* wird mit *Magnesium phosphoricum D6* kombiniert.)
- Atemwegsinfekte (Entzündungen der Atemwege)
- Mittelohrentzündung
- Reizblase
- Reizdarm
- Akne
- Warzen
- Wundheilungsstörungen
- Wunden und Verletzungen (*Zincum chloratum* unterstützt die Wundheilung.)
- Haarausfall (mit *Silicea D12* für Haut und Haare)
- Hexenschuss
- Krämpfe (Zur Behandlung sämtlicher Krämpfe kann *Zincum chloratum D6* mit *Magnesium phosphoricum D6* und *Cuprum arsenicosum D6* kombiniert werden.)
- Entzündungen der Gelenke (Arthritis)
- Menstruationsbeschwerden
- Wechseljahresbeschwerden
- Prostatabeschwerden
- Wachstumsstörungen bei Kindern (*Zincum chloratum* unterstützt das Knochenwachstum und wird in diesem Zusammen hang mit *Calcium fluoratum D12* und *Calcium phosphoricum* D6 kombiniert.)

- Abwehrschwäche
- Lymphdrüsenschwellungen
- Muskelkrämpfe

Anwendungshinweise

DAS ERWEITERUNGSMITTEL *Zincum chloratum* wird meistens in der Potenz *D6* gegeben und kann mit bis zu 20 Tabletten am Tag deutlich höher dosiert werden als viele andere Schüßler-Salze. *Zincum chloratum* sollte nicht gleichzeitig mit den Schüßler-Salzen *Selenium* oder den *Calcium-Verbindungen* gegeben werden, da es deren Wirkung reduziert. Ein zeitlicher Abstand von mindestens 2 Stunden ist sinnvoll.

Nr. 21 Zincum chloratum
Lindert innere Unruhe und ruhelose Beine.

21

Anwendungsbeispiel

Fall 1: Reizdarm

ANDREA (32 JAHRE) HATTE EINE neue Arbeitsstelle im Controlling eines großen Unternehmens angenommen. Seitdem waren die Beschwerden ihres Reizdarmsyndroms deutlich stärker geworden. Sie wusste, dass durch nervliche Anspannung und Stress die Symptome üblicherweise zunehmen. Sie litt dann unter Bauchkrämpfen und Durchfällen. Um die Verdauungsstörung rasch wieder zu beruhigen, nahm sie vom *Zincum chloratum D6*, *Kalium bromatum D6* und *Kalium phosphoricum D6* alle 5 Minuten abwechselnd 1 Tablette bis zur Besserung ein. Sobald der Reizdarm sich beruhigt hatte, reduzierte sie die Häufigkeit der Einnahme.

Bereits nach wenigen Tagen konnte sie die Dosierung allmählich reduzieren. Sie fühlte sich zudem psychisch stabiler und weniger gestresst. Dies half ihr, sich am neuen Arbeitsplatz erfolgreich einzuarbeiten.

Fall 2: Haarausfall

KATHRIN (43 JAHRE) WAR ÄRZTIN und stellte fest, dass sie zunehmend Haare verlor. Nach dem Bürsten blieben in ihrer Haarbürste mehr Haare zurück als sonst üblich. Die Haare waren brüchig und an den Fingernägeln zeigten sich weiße Flecken. KATHRIN konnte die Zeichen sofort deuten und vermutete einen Zinkmangel. Sie entschied sich für die Schüßler-Salze *Zincum chloratum D6* und *Silicea D12*. Von beiden Präparaten nahm sie 4-mal am Tag jeweils 1 Tablette zusammen ein. Da sie üblicherweise recht wenig Fleisch aß, achtete sie darauf, nun mindestens 1-mal in der Woche Kalbsleber zu essen. Damit wollte sie ihre Zinkversorgung verbessern.

Nach 3 Monaten gewannen ihre Haare an Festigkeit und es blieben weniger davon in ihrer Haarbürste hängen. Auch die weißen Flecken auf den Nägeln begannen nach außen zu wachsen, ohne dass neue Flecken am Nagelbett entstanden. Nach einem halben Jahr konnte sie die Schüßler-Salze absetzen und achtete durch den Verzehr von Vollkornprodukten auf eine ausreichende Zinkversorgung durch die Nahrung.

NR. 22 CALCIUM CARBONICUM D6

Kalziumcarbonat oder $CaCO_3$

Das Mineralsalz zur Reinigung und Stärkung.

Vorkommen

DER TÄGLICHE KALZIUMBEDARF des menschlichen Körpers liegt bei 1.000–1.200 mg. Dieser wird über die Nahrung gedeckt. Besonders Milch und Milchprodukte gelten als wertvolle Kalziumlieferanten. Durch Nüsse, Sesam, Fisch oder Gemüsesorten wie Blattspinat und Brokkoli kann der tägliche Bedarf gedeckt werden.

Das durch die Nahrung zugeführte Kalzium wird im Dünndarm aufgenommen und hauptsächlich in den Knochen und Zähnen gespeichert.

Zungenbefund

AN DER ZUNGE SIND KEINE typischen Veränderungen zu erkennen.

Gesicht

DIE PATIENTEN weisen hängende Oberlider (Schlupflider) auf.

Gemüt

DIE PATIENTEN SIND KÖRPERLICH eher aktiv und aufgedreht, bei geistiger Anstrengung dagegen schwerfällig und träge. Sie neigen zu Angstzuständen und depressiven Verstimmungen.

Modalitäten

BEI KÖRPERLICHER UND GEISTIGER Anstrengung verstärken sich die Beschwerden ebenso wie durch Feuchtigkeit und Kälte. Die Patienten reagieren sehr sensibel auf Zugluft.

Durch Wärme oder warme Anwendungen kommt es zu einer Besserung der Beschwerden. Trockenes Wetter und Ruhe sorgen ebenfalls dafür, dass sich die Symptome lindern.

VERBESSERUNG: Wärme, trockenes Wetter, Ruhe

VERSCHLECHTERUNG: Anstrengung, Feuchtigkeit, Kälte, Zugluft

Wichtigstes Anwendungsgebiet

Calcium carbonicum wird zur Steigerung der körpereigenen Ausscheidungsprozesse bei **Übersäuerung** und Stoffwechselstörungen eingesetzt.

Durch den positiven Einfluss auf den **Knochenstoffwechsel** und die geistige und körperliche Leistungsfähigkeit wird *Calcium carbonicum* häufig Kindern verordnet.

Weitere Anwendungsgebiete

- Sodbrennen
- Durchfall
- Magen-Darm-Beschwerden (Alle Symptome, die mit einer Übersäuerung einhergehen: Dazu gehören Bauchkrämpfe, saures Aufstoßen, Magenschmerzen usw.)

- Kopfschmerzen
- Migräne
- Osteoporose
- Erschöpfungszustände
- Zähneknirschen
- Entwicklungsverzögerungen bei Kindern (in jedem Alter)
- Wechseljahresbeschwerden
- Skoliose
- Arthrose
- Hautausschläge (Ekzeme, hauptsächlich chronische Hautausschläge)
- Atemwegserkrankungen (chronische Entzündungen der Atem wege)
- Milchschorf
- Menstruationsbeschwerden
- Zahnungsprobleme Polypen (Nasenpolypen bei Kindern)

Nr. 22 Calcium carbonicum Hahnemanni

Ein wichtiges Mittel bei Infektanfälligkeit.

22

Anwendungshinweise

CALCIUM CARBONICUM WIRD in der Potenz *D6* gegeben. Dieses Erweiterungsmittel wird häufig mit *Silicea D12* gleichzeitig eingenommen. Dadurch wird seine Wirkung verstärkt.

Dieses Schüßler-Salz greift tief in den Stoffwechsel ein und sollte Kindern über einen längeren Zeitraum von mehreren Monaten gegeben werden.

Anwendungsbeispiel

Fall 1: Skoliose

BEREITS IM KINDERGARTENALTER gingen TOMS Eltern mit ihm zu einem Orthopäden, um die Wirbelsäule ihres Sohnes untersuchen zu lassen. TOMS Vater hatte eine Wirbelsäulenverkrümmung und litt bislang immer wieder unter Rückenschmerzen. Diese wollten sie ihrem Sohn ersparen und begannen daher frühzeitig mit der Vorbeugung. Der Orthopäde stellte eine leichte Skoliose fest, empfahl jedoch, mit einer Therapie noch etwas abzuwarten.

Der Befund verschlechterte sich jedoch im Grundschulalter und TOM erhielt mit 10 Jahren eine spezielle Physiotherapie für die Wirbelsäule. Zeitgleich begannen die Eltern, ihrem Sohn 3-mal am Tag jeweils 1 Tablette der Schüßler-Salze *Calcium carbonicum D6* und *Silicea D12* zu geben. Er nahm beide Mittel über 1 1/2 Jahre ein. Bereits nach 1 Jahr war eine deutliche Besserung der Skoliose zu erkennen. Die Physiotherapeutin und der Orthopäde waren angesichts des positiven Verlaufs überrascht und freuten sich über die bisherige Entwicklung. Nach 1 weiteren Jahr konnte die Therapie gänzlich beendet werden, da keine behandlungsbedürftige Skoliose mehr zu erkennen war.

Fall 2: Polypen

SEIT DER 1. KLASSE WAR MAXIMILIAN (9 Jahre) oft erkältet. Im Winter waren die Erkältungen so stark, dass sich die Nasennebenhöhlen entzündeten und er teilweise ein Antibiotikum einnehmen musste. Es wurde vermutet, dass MAXIMILIANS

Nasenpolypen für die Häufigkeit der Erkältungen verantwortlich waren. Es wurde eine operative Entfernung der Polypen vor dem nächsten Winter und der dann einsetzenden Erkältungssaison empfohlen.

MAXIMILIAN erhielt im Frühjahr und Sommer zur Behandlung der Nasenpolypen zunächst das Erweiterungsmittel *Calcium carbonicum D6*. Er nahm 5-mal täglich 1 Tablette davon ein. Bereits im darauffolgenden Herbst war MAXIMILIAN deutlich weniger erkältet. Eine Kontrolluntersuchung beim Hals-Nasen-Ohrenarzt bestätigte eine Verkleinerung der Polypen. Eine Operation war erst einmal nicht notwendig. Im Winter war MAXIMILIAN immer wieder mal erkältet, jedoch nie so stark, dass die Verabreichung eines Antibiotikums notwendig wurde. Die Einnahme des Schüßler-Salzes wurde auch im Winter unverändert fortgesetzt und erst im darauffolgenden Sommer abgesetzt. In der Folge hatte sich die Gesamtsituation stabilisiert und MAXIMILIAN kam gestärkt durch die Erkältungssaison.

NR. 23 NATRIUM BICARBONICUM D6

Natriumhydrogencarbonat oder $NaHCO_3$

Das Mineralsalz für den Säure-Basen-Haushalt.

Vorkommen

NATRIUMHYDROGENCARBONAT wird im Blut und in der Leber gespeichert. Es ist für die Aufrechterhaltung eines konstanten pH-Wertes im Blut unerlässlich.

Zungenbefund

DIE ZUNGE IST TROCKEN und es wird ein bitterer Geschmack wahrgenommen.

Gesicht

BEI PATIENTEN ERKENNT MAN feine schwammige Rötung der Gesichtshaut. Es handelt sich um eine leicht ausgeprägte schleierartige Rötung. Desgleichen sind Leberflecken im Gesicht zu erkennen.

Gemüt

ENTSPRECHEND DEM WICHTIGSTEN Anwendungsgebiet von *Natrium bicarbonicum* (Übersäuerung) ist auch der psychische Zustand der Patienten als »sauer« zu bezeichnen. Es handelt sich gehäuft um saure und ärgerliche Menschen, die dazu neigen, andere herabzusetzen.

Modalitäten

LEIDEN DIE PATIENTEN unter Verstopfung, verstärken sich auch alle weiteren Beschwerden. Ebenso stellt sich nach dem Verzehr üppiger Mahlzeiten eine Verschlechterung der Symptome ein.

Zu einer Besserung kommt es dagegen beim Schwitzen und bei reichlicher Bewegung. Nach Durchfällen schildern die Betroffenen eine deutliche Verbesserung der Symptome.

VERBESSERUNG: Schwitzen, Bewegung, Durchfall
VERSCHLECHTERUNG: Verstopfung, reichliche Nahrungsaufnahme

Wichtigstes Anwendungsgebiet

Natrium bicarbonicum ist ein wichtiges Schüßler-Salz für den **Säure-Basen-Haushalt**. Es ist ein Erweiterungsmittel, das sehr häufig zur Anwendung kommt. Meist wird es zusammen mit dem Schüßler-Salz *Nr. 9 Natrium phosphoricum D6* eingenommen. Beide Mineralsalze haben eine entsäuernde Wirkung auf das Gewebe.

Weitere Anwendungsgebiete

- Sodbrennen (Im akuten Zustand wird alle paar Minuten jeweils 1 Tablette bis zur Besserung eingenommen.)
- Magenschmerzen
- Magenkrämpfe
- Gicht (zusammen mit *Natrium phosphoricum D6*)
- Rheuma
- Arthrose
- Blähungen
- Schwangerschaftserbrechen (mehrmals hintereinander 1 Tablette Natrium bicarbonicum D6 bis zur Besserung einnehmen)
- Kopfschmerzen (Kopfschmerzen am Morgen. Mehrmals hintereinander 1 Tablette *Magnesium phosphoricum D6* und *Natrium bicarbonicum D6* bis zur Besserung einnehmen)
- Reizmagen (3-mal täglich 2 Tabletten einnehmen)
- Schweißneigung (Hyperhidrosis: *Natrium phosphoricum D6* und *Natrium bicarbonicum D6* 3-mal täglich zusammen ein nehmen)
- Fibromyalgie
- Muskelschwäche
- Muskelkrämpfe
- Fastenkuren
- Alkoholkater

Anwendungshinweise

NATRIUM BICARBONICUM WIRD in der Potenz *D6* gegeben. Das Erweiterungsmittel unterstützt und verstärkt die Wirkung von *Natrium phosphoricum D6*. Beide Mineralsalze wirken positiv auf den Säure-Basen-Haushalt ein.

Anwendungsbeispiel

Fall 1: Sodbrennen

PETER (52 JAHRE) WAR REDAKTEUR einer lokalen Zeitung. Seine Tätigkeit war mit Zeitdruck, vielem Sitzen und einer unregelmäßigen Nahrungsaufnahme verbunden. Er nahm am Abend seine Hauptmahlzeit ein, war danach völlig platt und litt in der Nacht häufig an Sodbrennen. Der Folgetag wurde dann ebenfalls von Magenschmerzen begleitet.

Nachdem bei einer Magenspiegelung eine Magenschleimhautentzündung festgestellt worden war, entschied PETER sich dazu, seine Lebensgewohnheiten zu überdenken. Er achtete auf regelmäßige Essenszeiten und versuchte mit einem Schrittzähler am Handgelenk, sich zu mehr Bewegung zu motivieren. Zusätzlich nahm er 5-mal am Tag jeweils 1 Tablette *Natrium bicarbonicum D6* und *Natrium phosphoricum D6* ein.

Bereits nach 3 Wochen waren die Magenschmerzen tagsüber nicht mehr vorhanden. Sofern dennoch Sodbrennen auftrat, nahm er mehrmals hintereinander 1 Tablette *Natrium bicarbonicum D6* bis zur Besserung ein.

Mit den Schüßler-Salzen nahmen die Beschwerden in den folgenden Monaten ab und PETER fühlte sich deutlich besser. Es gelang ihm außerdem, sich im Alltag mehr zu bewegen und sich gesünder zu ernähren.

Nr. 23 Natrium bicarbonicum

Zur sanften Ausleitung von Säuren jeder Art.

23

Fall 2: Fasten

NACH DER SCHWANGERSCHAFT mit ihrem 2. Kind hatte SARA (35 Jahre) deutlich an Gewicht zugenommen. Sie wollte durch eine Fastenkur an Gewicht verlieren und auch ihrer Gesundheit etwas Gutes tun. So entschied sie sich, im Frühjahr für 3 Wochen auf zuckerhaltige Lebensmittel zu verzichten und mehr Gemüse und basische Suppen zu essen. Zusätzlich trank sie einen basischen Kräutertee und ließ dafür den Kaffee weg.

Zur Unterstützung des Stoffwechsels nahm sie zusätzlich 3 Schüßler-Salze ein. Am Morgen 3 Tabletten *Natrium chloratum D6*, mittags 3 Tabletten *Natrium phosphoricum D6* und abends 3 Tabletten *Natrium bicarbonicum D6.*

Bereits am 4. Tag der Fastenkur bemerkte sie eine Veränderung des Stoffwechsels. Sie fühlte sich am Morgen fit und ausgeschlafen. Im Verlauf der Fastenkur verlor sie nicht nur an Gewicht, sondern bemerkte auch eine Veränderung der Hautstruktur. Die Hände, das Gesicht und auch das Gewebe der Oberschenkel waren nicht mehr aufgedunsen. Die gelegentlichen Muskelkrämpfe und Kopfschmerzen am Morgen waren ebenfalls verschwunden. Sie war zufrieden mit dem Ergebnis und wollte die Fastenkur nach einem halben Jahr wiederholen.

NR. 24 ARSENUM JODATUM D6

Arsentrijodid oder AsI_3

Das Mineralsalz bei Heuschnupfen.

Vorkommen

ARSENTRIJODID SCHEINT kein Bestandteil des menschlichen Körpers zu sein.

Zungenbefund

AN DER ZUNGE SIND keine besonderen Anzeichen erkennbar.

Gesicht

ES TRETEN LEICHTE BLÄULICHE Verfärbungen der Haut auf. Diese können sich seitlich der Nase, am Kinn oder an den Handinnenflächen befinden.

Modalitäten

BEI ANSTRENGUNG KOMMT ES zu einer deutlichen Verschlechterung der Beschwerden. Bei Frauen zusätzlich während der Menstruation. Eine Besserung stellt sich dagegen bei Ruhe und bei Wärme ein.

VERBESSERUNG: Ruhe, Wärme

VERSCHLECHTERUNG: Anstrengung, während der Menstruation

Wichtigstes Anwendungsgebiet

Arsenum jodatum ist das wichtigste Mineralsalz bei **akutem Heuschnupfen.**

Zur Behandlung der akuten Heuschnupfen-Symptome werden 5- bis 10-mal täglich jeweils 1 bis 2 Tabletten *Arsenum jodatum D6* eingenommen.

Weitere Anwendungsgebiete

- Allergien (Bei Allergien wie chronischem Heuschnupfen, allergischem Asthma oder allergischen, nässenden Hautausschlägen wird *Arsenum jodatum D6* zur Desensibilisierung eingesetzt. Dabei ist es wichtig, das Erweiterungsmittel über mehrere Wochen 1- bis 2-mal täglich mit 1 bis 2 Tabletten einzunehmen.)
- Appetitlosigkeit
- Durchfall
- Akne
- Ekzeme (Es handelt sich um nässende Ausschläge.)
- Milchschorf
- Muskelschwäche
- Wechseljahresbeschwerden
- Bettnässen (2-mal täglich 1 Tablette über einen Zeitraum von 4 Wochen)

Anwendungshinweise

ARSENUM JODATUM wird in der Potenz D6 gegeben. Zur Unterstützung können zusätzlich zur Einnahme von *Arsenum jodatum D6* auch folgende Schüßler-Salze eingesetzt werden: 1 bis 3 Tabletten *Ferrum phosphoricum D12* bei starker Rötung mit Entzündungszeichen der Haut und der Schleimhäute. 1 bis 3 Tabletten *Kalium chloratum D6* zur Entlastung der Bronchien bei allergischem Asthma. 1 bis 3 Tabletten *Natrium chloratum D6* als wichtigstes Mittel bei chronischem Heuschnupfen sowie zur Behandlung von Fließschnupfen und tränenden Augen. 1 bis 3 Tabletten *Natrium sulfuricum D6* bei sehr starken Allergien und geschwollenen Augen. 1 Tablette *Manganum sulfuricum D6* zur Reduzierung der Ausschüttung von Histamin.

Nr. 24 Arsenicum jodatum

Bei allergischen Reaktionen in der Nase und an der Haut regelmäßig einnehmen.

24

Anwendungsbeispiel

Heuschnupfen

TIMO (29 JAHRE) WAR KRANKENPFLEGER und litt jedes Jahr im Sommer an Heuschnupfen. Er hatte eine Allergie gegen Gräserpollen, die besonders im Sommer aktiv sind. Er reagierte in dieser Zeit mit starkem Juckreiz der Schleimhäute an Augen und Nase. Hinzu kamen tränende Augen und ein unangenehmer Fließschnupfen. Zur Behandlung der zum Teil stark ausgeprägten Symptome nahm TIMO ein bekanntes Antihistaminikum aus der Apotheke ein. Da er davon jedoch Kopfschmerzen bekam, versuchte er, die Einnahme auf ein Minimum zu beschränken.

Als Alternative zum Antihistaminikum versuchte TIMO, die Beschwerden im Sommer mit Schüßler-Salzen zu verbessern. Er nahm 10- bis 15-mal am Tag jeweils 1 Tablette *Arse-*

num jodatum D6 ein und zusätzlich am Abend vor dem Schlafengehen noch jeweils 2 Tabletten *Magnesium phosphoricum D6* und *Manganum sulfuricum D6*.

Magnesium phosphoricum D6 entspannt das Gewebe und das Nervensystem. Am Abend eingenommen, sorgt es für einen besseren Schlaf. *Manganum sulfuricum D6* reduziert die Ausschüttung von Histamin.

Zu seiner Begeisterung und Freude stellte TIMO nach ein paar Tagen fest, dass sein Körper sehr gut auf die Schüßler-Salze reagierte. Die Symptome waren zwar nicht verschwunden, jedoch auf ein sehr erträgliches Maß reduziert. Er nahm die Schüßler-Salze den Sommer über regelmäßig ein und reduzierte die Einnahme, sobald weniger Gräserpollen in der Luft waren.

Auf das Antihistaminikum konnte er den Sommer über sogar völlig verzichten.

NR. 25 AURUM CHLORATUM NATRONATUM D6

Goldchlorid-Natrium, Natriumtetrachloroaurat (III) oder $Na(AuCl_4)$

Das Mineralsalz für die Zirbeldrüse.

Vorkommen

GOLDCHLORID-NATRIUM LIEGT in geringen Spuren von wenigen Nanogramm in manchen Lebensmitteln vor. Dementsprechend gering sind die Aufnahme und das Vorkommen von Gold im menschlichen Körper. Im Gehirn, in der Leber und im Herzen wurden zum Teil sehr geringe Mengen nachgewiesen.

Zungenbefund

DIE ZUNGE IST WEISS BELEGT und es wird ein bitterer Geschmack wahrgenommen.

Gesicht

DIE HAUT IM BEREICH der Nasenwurzel ist deutlich heller als im Rest des Gesichtes. Es scheint, als weise die Haut einen hellen Fleck auf.

Gemüt

PATIENTEN SIND PSYCHISCH instabil und neigen zu depressiven Verstimmungen. Sie neigen zu Melancholie und reagieren ängstlich auf die Anforderungen des Alltags. Verzweiflung ist ein Gefühlszustand, der diese Menschen begleitet.

Modalitäten

BEI RUHE UND KÄLTE KOMMT ES zu einer Verschlechterung der Beschwerden. Bei Stress kommt es dagegen zu einer Verbesserung der Symptome. Er sorgt für Ablenkung und das subjektive Ausblenden der Beschwerden. Ebenso fühlen sich die Patienten an der frischen Luft wohler.

VERBESSERUNG: Stress, frische Luft
VERSCHLECHTERUNG: Ruhe, Kälte

! Wichtigstes Anwendungsgebiet

Aurum chloratum natronatum ist das wichtigste Mineralsalz für die **Zirbeldrüse** (Hypophyse), die vor allem für die Produktion von Melatonin verantwortlich ist. Das Hormon Melatonin wird bei Dunkelheit verstärkt gebildet und steuert den Tag- und-Nacht-Rhythmus des Körpers.

In diesem Zusammenhang wird das Erweiterungsmittel zur Behandlung von **Schlafstörungen** und anderen gestörten Körperrhythmen eingesetzt. Hierzu zählt auch der weibliche Hormonrhythmus mit den damit in Verbindung stehenden **Menstruations- und Wechseljahresstörungen**.

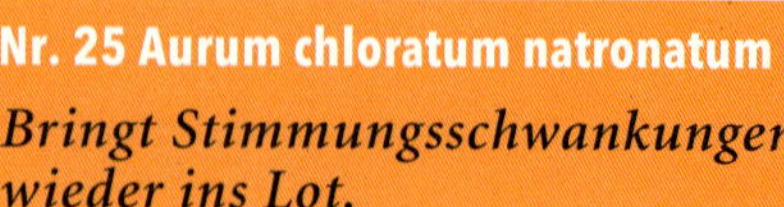

Nr. 25 Aurum chloratum natronatum

Bringt Stimmungsschwankungen wieder ins Lot.

Weitere Anwendungsgebiete

- Schlafstörungen
- Jetlag
- Bluthochdruck
- Endometriose
- Gebärmuttersenkung
- Menstruationsbeschwerden
- PMS (Prämenstruelles Syndrom)
- Eierstockzysten
- Gutartige Prostatavergrößerung

Anwendungshinweise

AURUM CHLORATUM NATRONATUM wird in der Potenz *D6* gegeben. Bei Störungen im Hormonhaushalt wird das Erweiterungsmittel mit dem Schüßler-Salz *Nr. 2 Calcium phosphoricum D6* kombiniert.

Anwendungsbeispiele

Fall 1: Gutartige Prostatavergrößerung

SEIT 2 JAHREN MUSSTE GÜNTHER (59 Jahre) nachts immer häufiger zur Toilette. Es dauerte zudem recht lange, bis er sich entspannte und Wasser lassen konnte. Er ging daraufhin zum Arzt, der bei GÜNTHER eine gutartige Vergrößerung der Prostata feststellte. Die Blutwerte (PSA-Wert) waren nur minimal erhöht. Die Prostata selbst war zwar vergrößert, jedoch beim Tastbefund noch weich und nicht verhärtet.

GÜNTHER begann mit der Einnahme von 3 Schüßler-Salzen. Morgens 3 Tabletten *Calcium fluoratum D12*, mittags

3 Tabletten *Kalium chloratum D6* und abends 3 Tabletten *Aurum chloratum natronatum D6*. Nach 4 Monaten waren die Beschwerden beim Wasserlassen etwas zurückgegangen und GÜNTHER setzte die Einnahme der Schüßler-Salze unverändert fort.

Bei der urologischen Untersuchung nach 1 Jahr berichtete GÜNTHER, dass er nunmehr lediglich 1- bis 2-mal pro Nacht zur Toilette musste. Er konnte sich dabei schneller entspannen und das Wasserlassen fiel ihm deutlich leichter. Der Urologe konnte ebenfalls keine Verschlechterung zum Vorbefund feststellen. GÜNTHER nimmt die Schüßler-Salze unverändert ein und kommt bis zum heutigen Tage gut mit der vergrößerten Prostata zurecht.

Fall 2: Endometriose

DIE KINDERKRANKENSCHWESTER CLARA (29) hatte vor zwei Jahren die Pille abgesetzt, da sie während der Menstruation starke Bauchschmerzen bekommen hatte. Seitdem litt sie unter einem sehr unregelmäßigen Menstruationszyklus. Die Bauchschmerzen waren auch nach dem Absetzen der Pille geblieben. Durch die Schmerzen war sie an den betroffenen Tagen nicht in der Lage, ihre Tätigkeit im Krankenhaus auszuüben. Nach mehreren Monaten und Ultraschalluntersuchungen durch CLARAS Gynäkologen wurde zunächst keine Ursache für die Beschwerden gefunden. Bei einer Bauchspiegelung entdeckten die Chirurgen jedoch mehrere Endometrioseherde, die für die wiederkehrenden starken Schmerzen verantwortlich gemacht wurden. Die Endometriose wurde noch bei diesem Eingriff operativ entfernt.

Im Jahr nach dem chirurgischen Eingriff wurden die Bauchschmerzen deutlich besser. Der Zyklus war jedoch weiterhin sehr unregelmäßig. Etwa 1 Jahr nach der Operation wurden die Bauchschmerzen wieder stärker; sie nahmen von Monat zu Monat zu. Eine erneute Bauchspiegelung lehnte CLARA jedoch ab. Sie nahm 3-mal am Tag jeweils 2 Tabletten *Aurum chloratum natronatum D6* und *Calcium phosphoricum D6* ein. Bereits bei der 3. Monatsblutung waren die Bauchschmerzen deutlich schwächer und nahmen im Verlauf der folgenden Zyklen immer mehr ab. Nach etwa 1 halben Jahr der Einnahme wurde auch der Menstruationszyklus regelmäßiger. CLARA setzte die Einnahme der beiden Schüßler-Salze konsequent fort. Nach 1 Jahr waren die Bauchschmerzen stark zurückgegangen und der Zyklus war so regelmäßig wie früher mit der Einnahme der Pille.

NR. 26 SELENIUM D12

Selen oder Se

Das Mineralsalz für die Leber und die Schilddrüse.

Vorkommen

MITTELEUROPA GILT ALS Selenmangelgebiet. Die Versorgung mit diesem Spurenelement wird maßgeblich vom Selengehalt des Bodens bestimmt. Die Versorgung über die Nahrung ist daher regional sehr unterschiedlich. Für den menschlichen Körper ist Selen sehr wichtig. Es ist an vielen Enzymen beteiligt und wird in der Leber, in der Schilddrüse und in den Nieren gespeichert.

Zungenbefund

DIE ZUNGE IST DICK weiß belegt.

Gesicht

ZWISCHEN AUGE UND NASENWURZEL sind bläuliche Verfärbungen der Haut zu erkennen. Vertiefungen oder Grübchen in diesem Bereich deuten auf einen sehr hohen Selenbedarf hin.

Gemüt

DIE PATIENTEN HABEN DIE TENDENZ zu Depressionen und zeigen Desinteresse an Abläufen im direkten Umfeld. Sie scheuen Gesellschaft und neigen zu Albträumen.

Modalitäten

HITZE UND DER GENUSS VON ALKOHOL sorgen für eine Verschlechterung der Beschwerden. Am Abend werden die Symptome besser.

VERBESSERUNG: Am Abend, frische Luft
VERSCHLECHTERUNG: Hitze, Alkohol

Wichtigstes Anwendungsgebiet

Selenium D12 wird zur **Unterstützung der Schilddrüsenfunktion** eingesetzt. In diesem Zusammenhang wird das Erweiterungsmittel gerne mit *Nr. 15 Kalium jodatum D6* und *Nr. 21 Zincum chloratum D6* kombiniert.

Gemeinsam mit *Natrium sulfuricum D6* wird *Selenium D12* zur Behandlung der **Leber** eingesetzt.

Weitere Anwendungsgebiete

- Depressionen
- Erschöpfung
- Leberschwäche (Auch bei erhöhten Leberwerten. Wichtig ist dann die Kombination mit *Natrium sulfuricum D6*.)
- Akne
- Immunschwäche
- Schwermetallausleitung
- Juckreiz

Anwendungshinweise

SELENIUM WIRD IMMER in der Potenz *D12* gegeben. Es handelt sich bei *Selenium D12* um ein Erweiterungsmittel, das recht selten Verwendung findet.

Nr. 26 Selenium

Der Aktivator zur Zellentgiftung und Zellreinigung.

Anwendungsbeispiel

Schwermetallausleitung

ERIKA (53) HATTE STARKE ZAHNSCHMERZEN und ging zu ihrem Zahnarzt. Dieser stellte fest, dass eine Zahnfüllung beschädigt war und ersetzt werden musste. Dabei handelte es sich um eine Amalgamfüllung, deren Entfernung mit gewissen Risiken verbunden war. Das in der Füllung enthaltene Quecksilber ist giftig und kann bei der Entfernung der Füllung vom Körper aufgenommen werden.

ERIKAS Zahnarzt ergriff jedoch bestimmte Maßnahmen, um das bei der Entfernung der beschädigten Füllung freiwerdende Quecksilber bereits während des Eingriffs zu binden. Eine Anreicherung des Schwermetalls im Körper wird durch diese Methode minimiert.

Zusätzlich bekam ERIKA verschiedene Schüßler-Salze, die sie nach der Entfernung der Amalgamfüllung regelmäßig einnehmen sollte. Die Kombination der Mineralsalze sollte den Körper in der Folge dazu anregen, Schwermetalle wie Quecksilber verstärkt auszuscheiden.

Über einen Zeitraum von 6 Monaten nach der Entfernung nahm ERIKA täglich die folgenden Mineralsalze ein: *Selenium D12, Natrium sulfuricum D6, Calcium sulfuratum D6, Cuprum arsenicosum D6* und *Zincum chloratum D6.*

Von jedem Schüßler-Salz nahm sie jeweils 1 Tablette und löste diese zusammen in einem Glas Wasser auf. Schluckweise wurde das Wasser ausgetrunken. Dieses Vorgehen wiederholte sie 3-mal täglich.

Nach 6 Monaten beendete sie die Einnahme und berichtete, dass sich seit der neuen Füllung und der regelmäßigen Anwendung der Schüßler-Salze viel zum Positiven verändert hatte. Die neue Füllung vertrug sie sehr gut. ERIKA war seit dem zahnärztlichen Eingriff schmerzfrei. Darüber hinaus war ihr Hautbild deutlich besser geworden. Die unreine Haut (Akne) im Gesicht und die dunklen Schattierungen am Auge waren zurückgegangen. Ihr Gesicht hatte stets müde und erschöpft gewirkt. Seit sie die Schüßler-Salze regelmäßig einnimmt, ist dies nicht mehr der Fall. Die Haut am Rücken, insbesondere im Bereich der Schulterblätter, ist nun ebenfalls frei von Pickeln, die sich in der Vergangenheit sogar gelegentlich entzündeten.

NR. 27 KALIUM BICHROMICUM D6

Kaliumdichromat oder $K_2Cr_2O_7$

Das Mineralsalz für die Sportler.

Vorkommen

CHROM WIRD ÜBER DIE NAHRUNG nur in sehr geringen Mengen aufgenommen. Gute Lieferanten sind tierische Produkte wie Innereien oder Käse. Pilze, Vollkornprodukte oder Nüsse sind ebenfalls gute Chromquellen. Nach der Aufnahme durch die Nahrung wird Chrom vermutlich in geringen Mengen in der Leber, Niere, Milz und Lunge gespeichert.

Zungenbefund

DIE ZUNGE WEIST EINEN DICKEN, gelben und schleimigen Belag auf. Die Zungenränder sind dagegen rot abgegrenzt. Manche Patienten schildern einen metallischen oder bitteren Geschmack.

Gesicht

DIE PATIENTEN WEISEN hervorstehende Einlagerungen im Bereich des Auges auf.

Gemüt

DIE PATIENTEN SIND SCHWERMÜTIG, übellaunig und leicht reizbar. Es handelt sich um korrekte und strukturierte Menschen, die geordnete Tagesabläufe schätzen.

Modalitäten

DIE BESCHWERDEN VERSCHLECHTERN SICH am Morgen, durch Kälte und durch Druck auf die betroffenen Körperstellen. Sie lassen sich durch Wärme und warme Anwendungen bessern. Ebenso kommt es am Abend zu einem Abklingen der Symptome.

VERBESSERUNG: Am Abend, Wärme

VERSCHLECHTERUNG: Am Morgen, Druck, Kälte

Wichtigstes Anwendungsgebiet

Kalium bichromicum D6 wird zum Ausgleich des **Mineralhaushaltes bei Sportlern** eingesetzt.

Als Spurenelement ist Chrom an zahlreichen und sehr wichtigen Körperfunktionen beteiligt. Bedeutsame Anwendungsgebiete von *Kalium bichromicum D6* sind in diesem Zusammenhang vor allem die Behandlung von **chronischen, hartnäckigen Infekten**.

Weitere Anwendungsgebiete

- Bronchitis
- Stress
- Schilddrüsenerkrankungen
- Atemwegsinfekte (besonders chronische, hartnäckige Verläufe)
- Nasennebenhöhlenentzündungen

- Akne
- Leistungssport
- Blutarmut
- Diabetes mellitus
- Husten
- Schnupfen
- Gelenkschmerzen
- Hohe Cholesterinwerte

Anwendungshinweise

KALIUM BICHROMICUM WIRD in der Potenz *D6* gegeben. Es ist darauf zu achten, dass *Kalium bichromicum D6* nicht am Anfang eines beginnenden Infektes gegeben wird. Dieses Schüßler-Salz wird erst bei festsitzenden und hartnäckigen Infekten mit zähem und dickem Schleim eingenommen.

Anwendungsbeispiele

Fall 1: Leistungssport

DER 16-JÄHRIGE SCHÜLER LUCA spielte seit vielen Jahren Fußball und legte dabei ein außerordentliches Talent an den Tag. Er hatte die Aufmerksamkeit eines großen Fußballvereins in der Region auf sich gezogen. Er sollte zur neuen Saison zu diesem Verein wechseln und dort intensiv gefördert werden. LUCAS großer Wunsch war es, später einmal Fußballprofi zu werden. Für diesen Traum trainierte er bereits jetzt mehrmals in der Woche und seine Eltern unterstützten ihn, wo immer sie konnten.

Je öfter er trainierte, desto häufiger traten bei LUCA jedoch Muskelkrämpfe auf. Sie schränkten das Training ein und beeinträchtigten auch zunehmend sein Allgemeinbefinden.

Zur Unterstützung des Mineralstoffhaushaltes beim Sport erhielt LUCA eine Mischung der folgenden Schüßler-Salze: *Magnesium phosphoricum D6, Natrium phosphoricum D6, Manganum sulfuricum D6, Cuprum arsenicosum D6, Zincum chloratum D6* und *Kalium bichromicum D6*

Von jedem dieser Mineralsalze löste LUCA jeweils 2 Tabletten in 1 Flasche Wasser mit 1 Liter Fassungsvermögen auf. Während des Sports sollte er die Wasserflasche vollständig austrinken. Bereits nach 3 Wochen hatte LUCA trotz erhöhter Trainingsleistung keine Muskelkrämpfe mehr. Er nahm die Schüßler-Salze auch weiterhin regelmäßig ein und meisterte die Aufnahme ins Förderprogramm des neuen Fußballvereins.

Nr. 27 Kalium bichromicum

Bei wiederkehrenden Nasennebenhöhlenentzündungen mit gelb-grünlichem Sekret.

27

Fall 2: Bronchitis

KURZ VOR WEIHNACHTEN BEKAM CARINA (35) einen Atemwegsinfekt, der mit einem Antibiotikum behandelt wurde. Die Entzündungszeichen klangen über die Feiertage ab. Zurück blieb jedoch ein hartnäckiger Husten, der bis in den Februar hinein anhielt. Schleimlösende Medikamente halfen ihr beim Abhusten des festsitzenden Schleims. Der Verlauf war jedoch recht schleppend und es schien, dass CARINAS Körper den ursprünglichen Infekt nicht ganz ausheilen konnte.

Um die Chronifizierung zu durchbrechen, nahm sie 10-mal am Tag jeweils 2 Tabletten *Kalium bichromicum D6* ein. Bereits nach 3 Tagen stellte sie einen leichten Rückgang des Hustens fest. Nach insgesamt 2 Wochen waren sowohl der Hustenreiz als auch die Schleimproduktion verschwunden. CARINA fühlte sich allgemein kräftiger und konnte gestärkt ins Frühjahr starten.

REGISTER

ÜBER DIE AUTOREN

PETER EMMRICH, M. A., ist Diplom-Biologe, Chemiker und Facharzt für Allgemeinmedizin mit den Zusatzbezeichnungen Homöopathie, Naturheilverfahren, Akupunktur, Sportmedizin, Manuelle Medizin und Palliativmedizin.

PETER EMMRICH führt in Pforzheim eine Hausarztpraxis und hat einen Lehrauftrag für Allgemeinmedizin an der Universität Tübingen. Als Präsident des Europäischen Naturheilbundes e. V., Vizepräsident des Zentralverbandes der Ärzte für Naturheilverfahren und Regulationsmedizin e. V. (ZAEN) und Vorstandsmitglied der Hufelandgesellschaft e. V. befasst er sich seit Jahren intensiv mit natürlichen Heilverfahren und biologischer Medizin.

BENJAMIN HARTLIEB ist staatlich anerkannter Osteopath und Heilpraktiker. Der Familienvater führt gemeinsam mit seiner Frau in Pforzheim eine Praxis für Osteopathie und Naturheilkunde. Er ist Kooperationspartner der Hochschule Fresenius und betreut Osteopathie-Studenten im klinischen Semester.

BENJAMIN HARTLIEB ist Autor zahlreicher Zeitschriftenartikel und gibt sein Wissen über Schüßler-Salze in Seminaren weiter. Im In- und Ausland hält er Vorträge über die ganzheitlichen Zusammenhänge der Körpersysteme und naturheilkundliche Behandlungsweisen. Gemeinsam mit PETER EMMRICH war er mehrmals Interview-Gast im Schweizer Gesundheitsfernsehen QS24.

DIE BIOGRAFIE

DES »ERFINDERS« DER SCHÜSSLER-SALZE

Zum 200. Geburtstag
von WILHELM HEINRICH SCHÜSSLER

PETER EMMRICH
PROF. DR. GERT OOMEN

DR. MED.
WILHELM HEINRICH SCHÜSSLER
Arzt aus Leidenschaft

DIE BIOGRAFIE

Hardcover | 360 Seiten
ISBN 978-3-95883-552-8

AUF DER GRUNDLAGE der wenigen überlieferten Quellen zeichnet dieses Werk ein umfassendes Bild des damals wie heute umstrittenen Mediziners und seiner »Biochemischen Methode« zu Beginn der naturwissenschaftlich orientierten Medizin in der zweiten Hälfte des 19. Jahrhunderts. WILHELM HEINRICH SCHÜSSLER verkörpert exemplarisch die Zeit des Übergangs der romantischen Naturphilosophie zu einer Medizin, die ausschließlich die neuen Erkenntnisse in Physik und Chemie gelten lassen wollte. Die therapeutischen Hinweise seiner »Biochemischen Therapie« fanden in weiten Teilen Europas und den USA Beachtung. Daran hat sich bis heute wenig geändert.

Für historisch interessierte Menschen und alle, die den »Erfinder der SCHÜSSLER-Salze« in Leben, Werk und Wirkung kennenlernen möchten!

fischer & gann

Das gesamte Verlagsprogramm finden Sie unter
www.kamphausen.media